# A COURSE IN MIRACLES®

**心靈平安基金會授權**
**奇蹟資訊中心出版**

# 奇蹟課程

教師指南
詞彙解析
心理治療
頌禱

若水 譯

心靈平安基金會授權
奇蹟資訊中心出版

# 奇蹟課程

## 教師指南
## 詞彙解析

心靈平安基金會

# 目　錄

## 教師指南

# 詞彙解析

# 教師指南

# 導　言

1.　　教與學的角色在世俗的觀念中，其實被顛倒了。[2]這種顛倒乃是意料中的事。[3]它將老師與學生視爲兩個分立的個體，老師傳授的對象只限於學生，而不包括他自己。[4]它把教學行爲視爲某種特殊活動，只占了此人一小部分的時間。[5]然而，本課程所強調的卻是：教就是學，老師與學生其實是互爲師生。[6]它又強調：教學乃是一種持續不斷的過程，時時刻刻都在進行中，一直延續到睡夢的念頭裡。

2.　　教人，其實就是以身作則。[2]世上只有兩種思想體系，你時時刻刻都在向人示範自己究竟相信哪一個才是眞的。[3]別人會從你的表率中耳濡目染，你也不例外。[4]問題不在於你願不願意教人，而是你根本沒有選擇的餘地。[5]我們可以這樣說，本課程不過教你如何本著自己想要學的去選擇自己所願教的。[6]除了你自己以外，你無法給人任何東西，你會從教的經驗裡明白這一事實。[7]教學的機會不過是邀請你爲自己的信念作證而已。[8]這一方法有扭轉信念之效。[9]不是光靠說說而已。[10]你必須把每一遭遇視爲你的教學機會，你是在告訴別人自己是什麼，他們在你心中又算什麼。[11]僅此而已，不多也不少。

3.　　因此，你的課程完全根據你認爲自己是什麼，以及別人與你的關係在你心目中的意義而定。[2]在正式的教學場合中，這些問題也許與你想要傳授的內涵根本是兩回事。[3]然而，你不能沒有一個具體的場景供你發揮自己眞正想要教也是你眞正學到的東西。[4]爲此，你教人時的口述部分反而變得無關緊要了。[5]兩者也許相得益彰，也許毫不相干。[6]你所學到的其實是藏在你教學口述部分下面的訊息。[7]教人只是爲了強化你對自己所懷的信念而已。[8]它眞正的目的是要幫你消除你對自己的懷疑。[9]這並不表示你企圖保護的那個自我是眞實的。[10]它要說的是：你所教的不外乎你視爲眞實的那個自己罷了。

4.　　這是必然的現象。[2]無人得以倖免。[3]除此之外，還有什麼其他的可能？[4]世俗中人在改變他的原有想法之前，不可能不隨波逐流的；在世俗的薰陶下，他「教」的目的不過是說服自己接受一個不是自己的假相罷了。[5]這正是世界存在的目的。[6]此外，它還可能教你什麼課程？[7]它傳授的不外乎絕望與死亡，爲此，上主才

會派遣祂的教師進入這個無望且封閉的人間學堂。[8]上主的教師也只能在傳授祂的喜樂與希望的課程之際，完成自己的學習歷程。

5.　　　若缺了上主的這群教師，世界得救的希望極其渺茫，因為罪在世間永遠顯得真實無比。[2]自我欺騙的人，不可能不騙人的，因為他們只可能教人如何說謊。[3]這不是地獄，還會是什麼？[4]這部指南是為上主的教師們所寫的。[5]他們並非十全十美，否則他們就不會活在人間了。[6]然而，他們此生的使命即是活出完美，因此他們會以種種形式，反反覆覆地教人完美之道，直到自己學會為止。[7]然後他們就會消失了蹤影，而他們的思想卻永遠成為力量與真理的泉源。[8]他們是誰？[9]他們是怎麼選出來的？[10]他們做了什麼？[11]他們究竟是如何完成自己與世界的救恩的？[12]這部指南將會答覆你這些問題。

# 壹. 誰是上主之師？

1.　　任何人只要決心成爲上主之師，他就是。[2]他只需具備一項資格，就是：他在某時某地，以某種形式下定決心，要把別人的福祉與自己的福祉視爲同一回事。[3]心定志堅之後，他的道路便已開啓，他的前程萬無一失。[4]一道光明射入了黑暗之中。[5]即使只是一線光明，已經綽綽有餘。[6]他與上主簽了一個協定，即使他可能並不相信上主這一回事。[7]他已成爲傳遞救恩的使者。[8]他已成了一位上主之師。

2.　　這些老師來自世界各地。[2]來自各種不同的宗教背景，甚至毫無宗教背景。[3]他們只是答覆了上主的召喚。[4]這一召喚原是向普世眾生而發的。[5]它一刻不息也無所不在。[6]它召請教師們充當它的代言人，拯救世界。[7]聞其聲者頗眾，答覆者卻幾希。[8]然而，這是遲早的事。[9]每個人最後都會答覆的，只是這個結局可能拖延了百千萬劫。[10]爲此之故，祂制訂了一個上主之師的計畫。[11]他們的任務純粹是幫人節省時間。[12]每個人開始時都僅如一線光明，只因這光明以上主的感召爲核心，故能遍照寰宇，無遠弗屆。[13]若以世界的時間來衡量，每道光明都能省下千年的光陰。[14]然而，時間對那神聖的召喚本身而言，其實毫無影響。

3.　　每位上主之師都有自己待學的課程。[2]他們學習的途徑極其不同。[3]教學的素材也各具特色。[4]但課程的內涵永遠不變。[5]它的中心主題始終是：「上主之子是清白無罪的，他純潔的本性正是他的救恩所在。」[6]傳授這一中心思想可不拘形式，可以用行動或意念；亦可有聲或無聲；可用某種語言，或不用語言；可在任何時刻地點或用任何方式進行。[7]這位老師在聽到召喚之前究竟是怎樣的人，也無關緊要。[8]只要他答覆召喚，便已躋身於人間救主之列了。[9]他開始視人如己。[10]他也由此尋回了自己以及世界的救恩。[11]世界就在他的重生中獲得了新生。

4.　　這是一部相當具體的教學指南，是爲那些各以不同形式傳授這一普世性課程的老師而編製的。[2]世上還有成千上萬不同的課程，終將殊途而同歸。[3]這些課程全都能夠幫你節省時間。[4]如今只有時間還欲振乏力地在人間徘徊，世界早已活得疲累不堪了。[5]它歷盡滄桑，毫無指望地撑在那兒。[6]它的結局從來不是問題，

試問有誰改變得了上主的旨意？[7]但是，時間領域內生死無常的幻相卻能把世界及萬物折磨得奄奄一息。[8]然而，時間終會走到它的盡頭；上主之師的使命則是讓這一天早日來臨。[9]因為時間掌控在他們的手裡。[10]這是他們的選擇，他們必會如願以償的。

# 貳 . 誰是他們的學生 ？

1.　　　上主爲祂每一位教師指定了某些學生，只要他一答覆上主的召請，學生就會找上門來。²這群學生是專爲他而揀選的，只因他教導這一普世性課程的方式最能配合學生的了解程度。³他的學生一直在等待，而他也註定會出現的。⁴這又是遲早的問題。⁵老師一旦決定接下自己的角色，學生也會準備好履行自己的任務。⁶時間等候著老師的決定，而不是等候他所要服務的學生。⁷只要老師準備好虛心學習，執教的機會便於爲成熟了。

2.　　　若要了解「教與學」這一救恩計畫，必須先熟悉本課程的時間概念。²救贖所修正的是幻相，而非眞相。³因此，它只是修正一些子虛烏有的事罷了。⁴再者，這個修正計畫早在建構之初便已完成了，因爲上主的旨意完全不受時間的控制。⁵凡屬實相之物必然如此，因它屬於上主的層次。⁶就在分裂之念進入上主之子的心靈之際，上主已經同步給予了祂的答覆。⁷在時間領域內，那是發生於很久以前的事。⁸在實相裡，它從未發生過。

3.　　　時間領域就是幻相世界。²發生於過去許久之事，如今好似仍在繼續。³遠古之前所作的抉擇，至今仍有選擇的餘地。⁴許久以前你學過、也了解而且早已過去的事件，如今在你眼中成了一種新想法、新觀念，或是截然不同的途徑。⁵由於你有自由意志，你隨時可以決定接受過去的任何事情；唯有如此，你才會明白原來那一切始終都在那兒。⁶正如本課程所強調的，你沒有選擇課程的自由——甚至包括你該學習的方式。⁷然而，你有決定自己何時去學的自由。⁸一旦你接受了這一課程，表示你已經學到了。

4.　　　因此，時間其實是逆向行駛的，它一直指向遠古而超乎記憶極限的那一刻，你根本無從憶起。²然而，由於你一而再、再而三地重複那一刻的決定，使它好像就發生在此刻。³爲此，學生與老師才會在此時此地相逢之際，感到好似素昧平生。⁴學生會在適當的時刻出現於適當的地方。⁵這是註定的，因爲他早在遠古那一刻作出了正確選擇，此刻只是重溫舊夢罷了。⁶老師也一樣在遠古那一刻作出了這必然的選擇。⁷上主對萬物的旨意表面看來有待時間才能完成。⁸其實，有什麼延誤得了永恆的力量？

5.　　　學生與老師相逢之後，教與學的帷幕就拉開了。²真正在教的，並非那位老師。³任何兩個人只要願意同心協力地一起學習，上主的那位聖師必會向他們發言。⁴共同的學習目標聖化了他們的關係；上主承諾過，祂會派遣聖靈進入每一個神聖關係之中。⁵在教與學的場景下，雙方都會學到「施與受原是同一回事」。⁶他們在彼此的角色、想法、身體、需要、興趣，以及心目中所有的不同與對立因素之間所劃的界線，開始模糊、淡化，最後消失於無形。⁷凡是有意學習同一課程的人，自然享有同一志趣與目標。⁸於是，原本身為學生的，搖身一變，成了一位上主之師，只因他所作的那個決定為自己請來了老師。⁹他已能在另一個人身上看到與他自己相同的意向了。

# 參．教學的次第

1.　　上主的教師們並沒有固定的教學次第。[2]每個教與學的場合，開始的時候都會捲入一個相當不同的人際關係，然而，最終的目標都是一樣的，將每一種關係轉變爲神聖關係，使雙方都能看出上主之子的無罪本質。[3]沒有一個人，上主之師不能從他身上學到一些東西，因此也沒有一個人是他無法教導的。[4]然而，從現實的角度來講，他無法會晤所有的人，也不可能讓每一個人都找到他頭上來。[5]因此，這計畫會爲每一位上主之師安排某種特殊際遇。[6]救恩中沒有偶然的事。[7]註定要相逢的就會相逢，因爲這一會晤將爲他們開啓神聖關係之門。[8]他們已爲對方準備好了。

2.　　教學最粗淺的層次可能顯得相當膚淺。[2]他們的邂逅好似十分偶然，兩個素昧平生的人在電梯裡「不期而遇」；一個東張西望的小孩「正巧」撞上了某個大人；或兩個學生「恰好」結件回家。[3]這些都不是偶然的巧遇。[4]每一個相遇都可能開啓一種教與學的場景。[5]那兩位素昧平生的人在電梯裡也許會相視一笑；那個大人也許沒有責斥撞到他的小孩；那兩個學生也許從此結爲好友。[6]即使是最不經意的相遇，都可能使兩人一時忘卻他們原本關注的焦點，即使只是刹那而已。[7]那一刹那已經綽綽有餘。[8]救恩已經來臨了。

3.　　一般人很難理解，普世性課程的「教學次第」這一概念就如時間的概念一樣，在實相中是無意義的。[2]一個幻相必會衍生出另一個幻相。[3]在時間裡，上主之師似乎是在一念之間改變了自己對世界的看法，然後透過教導別人而慢慢體會出這一轉折的含意。[4]我們已經討論過時間的幻相這一問題了，可是「教學次第」的幻相好似另一回事。[5]不論哪一層次的教學場景，都是上主救贖計畫的一部分，而上主計畫既是反映上主的旨意，便不可能有次第之分；這大概是證明這些次第根本就不存在的最佳解說了。[6]救恩早已爲大家準備好了，而且始終就在那兒。[7]不論上主的教師從哪一層次著手，最後都會殊途而同歸。

4.　　每個教學場景都可說是一種高峰經驗，因爲參與其中的人，都會在那一段時空內從對方學到最多的東西。[2]只有從這層意義上，我們才能談一談教學的次第問題。[3]在這前提下，我們可以說，教學的第二層次屬於比較持久性的關係；雙方會在某一段時

空進入比較緊密的教學關係，相聚一段時間，又好似分道揚鑣了。[4]他們的相逢和最粗淺的層次一樣，絕非偶然；外表上似已結束的關係，其實並未眞正結束。[5]每一個人都會在那段時空達到學習的高峰。[6]凡是相遇過的人，終有重逢的一日，因爲所有的人際關係遲早會發展爲神聖關係。[7]上主不會錯認自己的聖子的。

5.　　　第三種教學層次發生於一旦建立就會持續終生的關係上。[2]在這種教與學的場景中，每一方都會得到一位特定的學習伴侶，他們爲彼此提供的學習機會是不可限量的。[3]這類關係一般來講比較少，因爲這種條件意味著雙方在教與學的互惠關係上勢均力敵得近乎完美。[4]這並不表示他們必然能夠體會到這一點，事實上，他們通常都不會。[5]彼此也許會仇視好一陣子，甚至可能懷恨一輩子。[6]然而，只要他們決心去學，最完美的課程已展現於他們眼前，而他們遲早會學成的。[7]他們一旦決心去學這一課程，就足以成爲其他搖擺不定甚至好似一敗塗地的教師的人間救主。[8]沒有一位上主的教師得不到上天之助的。

# 肆．上主之師的人格特質

1.　　　上主之師的外在特徵極少相似之處。²在世人眼中，他們長相不同，背景殊異，人事經驗也大異其趣，外表「個性」上的差異至爲分明。³他們在擔起教師之職的初期，通常尚未具備上主之師比較深層的特質。⁴上主會賜給祂的教師一些特殊的禮物，因爲他們在救贖計畫中負有特殊的任務。⁵這些特點當然只是暫時的，它們雖具時空性，卻能幫人超越時空的限制。⁶這些特殊的恩賜，必須透過具體的教學場景所建立的神聖關係而醞釀出來，進而成了資深教師的共同特質。⁷從這方面來講，他們其實非常相似。

2.　　　上主兒女之間的差異都是暫時性的。²然而，在時空領域中，我們仍可列出資深上主之師的共同特質：

## （一）信賴

1.　　　上主之師必須具備這個基本條件方能完成自己的任務。²知見是學習而來的結果。³其實知見本身就是學習，因爲因與果本來就是不可分割的。⁴上主的教師們開始信賴這個世界，因爲他們明白，這個世界並不受制於它自己的運作法則。⁵它受制於一種既不脫離世界卻又超越世界的力量。⁶萬事萬物的最終保障即繫於這一能力之上。⁷上主之師就是靠這股力量才能看見那已被寬恕的世界。

2.　　　他們一旦經驗到這股大能，再也不會信賴自己微不足道的力量了。²身負神鷹雙翼的人豈會仰賴麻雀的翅膀？³眼前盡是上主贈禮的人，豈會器重小我的微薄獻禮？⁴究竟是什麼因素促成了他們這一轉變的？

### 甲．信賴的形成

3.　　　首先，他們必須經歷所謂的「化解」（undoing）階段。²這未必是一段痛苦的經歷，但通常會給人這種感受。³它會讓人感到好似失落了什麼；很少人一開始即能看清那是因爲自己認出了那東西毫無價值之故。⁴表示這人已經進步了，能以不同的眼光去看，否則他怎麼看得出那些東西毫無價值？⁵然而，他內在的

轉變尙未達到脫胎換骨的地步。[6]因此，他的學習計畫裡頭有時還會要求他作一些貌似外在的改變。[7]這些改變通常會帶來一些實際效益。[8]上主之師若學到了這一點，便已進入第二個階段。

4.　　第二，上主之師必須經歷「釐清」（sorting out）的階段。[2]這通常不是一件容易的事，因為他既已看出生活上所作的改變對他確實有益，那麼他從此就必須根據事情的具體效益或妨礙程度重新評估一切。[3]他會發現，當他面臨新的現實挑戰時，以前重視的許多事物（即使不是絕大部分）只會妨礙眼前的「學以致用」。[4]由於他過去非常珍惜那些毫無價值之物，勢必會害怕失落及犧牲，而不願把所學的道理運用於日常每一件事上。[5]需要經過一段刻骨銘心的歷練才可能明白，所有的東西、事件、遭遇，以及環境，對他確實是一種助緣。[6]幻相中的一切所含的眞實程度，全看它能帶給人多大的幫助而定。[7]它的「價值」只限於這一方面。

5.　　上主之師必經的第三個階段就是「捨棄」（relinquishment）。[2]如果你把這字理解成「放棄可欲之物」，內心勢必激起很大的衝突。[3]很少教師能夠完全不受這一挑戰的衝擊。[4]然而，除非你準備好踏出下一步，否則，釐清哪些是有價值的、哪些是無價值的，豈不是多此一舉？[5]因此，在這前後重疊的階段裡，上主之師難免會感到自己被迫爲眞理而犧牲了自己的最大利益，[6]他尙不明白上主絕不會提出這種要求的。[7]只有等到他眞的開始放棄那些無價值之物後，才可能認清這一事實。[8]他會從經驗中學到，在他預料受苦之處，找到的竟是如釋重負的喜悅，在他以爲必須付出代價的地方，他竟發現了天賜的禮物。

6.　　現在，終於進入「安頓」（settling down）的階段。[2]這是一段相當平靜的日子，上主之師已能享有某一程度的安寧。[3]他藉此機會熟悉並鞏固自己所學到的一切。[4]至此，他才能體會出自己所學的理念具有無往而不利的實用價值。[5]面對那驚人的潛能，上主之師終於更上一層樓，能在其中看出自己整個人生的出路。[6]「放棄你不想要的，保留你想要的。」[7]多麼直截了當的說法！[8]豈有比這更輕而易舉的事？[9]上主之師需要這段休養生息的時間。[10]他修持的境界並沒有他想像中那麼高。[11]然而，他已經整裝待發了，又有許多強而有力的弟兄與他同行。[12]他休養生息一陣之後，開始呼朋引伴，一塊兒上路。[13]此後，他再也不會踽踽獨行了。

7. 　　下一個是名副其實的「動盪」（unsettling）階段。<sup>2</sup>上主之師至此終於明白了，他根本無法分辨什麼是有價值的、什麼是無價值的。<sup>3</sup>到目前為止，他真正學到的不過是：他並不想要無價值之物，只想要有價值之物。<sup>4</sup>然而，他自己的分辨方式根本無法教他看出兩者的差異。<sup>5</sup>犧牲的觀念在他的整個思想體系中是如此根深柢固，使他無法作出正確的判斷。<sup>6</sup>他以為自己已經懂得如何發心了，如今卻發現自己根本不知道那個願心為何而發。<sup>7</sup>此刻，他感到自己正在追求一個可能歷經百千萬劫也未必達到的境界。<sup>8</sup>因此，他必須學習放下所有的判斷，不論面對什麼處境，他只能捫心自問：「我究竟想在這事件中得到什麼？」<sup>9</sup>若非前面每一步都能穩紮穩打，這確實是一個難捱的階段。

8. 　　最後到了「完成」（achievement）的階段。<sup>2</sup>你的學習進入這一階段才告穩定堅固。<sup>3</sup>不論在緊急關頭或太平日子，你都可以放心了，你以前視為徹底負面的事物，如今都會帶給你具體的效益。<sup>4</sup>是的，它們一定會為你帶來太平安寧的日子，只要你肯腳踏實地地練習，堅定你的信念，一視同仁地運用到生活上，絕不破例。<sup>5</sup>這一階段會帶給你真正的平安，因它全面反映出天堂的境界。<sup>6</sup>此後，天堂之路會愈來愈寬敞而平坦。<sup>7</sup>其實，天堂就在此時此地。<sup>8</sup>真正平安的心靈還會想「去」什麼地方？<sup>9</sup>他豈會放棄平安而去追求更好的東西？<sup>10</sup>還會有什麼東西比平安更值得追求？

## （二）真誠

1. 　　上主之師其餘的一切特質都建立於信賴的基礎上。<sup>2</sup>信賴之心一旦確立，其餘的特質必會相繼出現。<sup>3</sup>唯有能夠信賴的人才可能真誠，因為唯有他們才看得出誠實的可貴。<sup>4</sup>真誠不只限於你所說的話而已。<sup>5</sup>這個詞是指表裡如一、前後一致的修養。<sup>6</sup>你所說的話，沒有一句與你的所思所行衝突，沒有一個想法會自相矛盾，你不會言行不一，自相牴觸。<sup>7</sup>這才算是真正的誠實。<sup>8</sup>他們心裡各個層面毫無自相矛盾之處。<sup>9</sup>自然也不會跟其他人或其他事產生衝突。

2. 　　資深的上主之師心裡感受到的平安，大部分是出自他們的徹底誠實。<sup>2</sup>只有存心說謊的人才會引起紛爭。<sup>3</sup>衝突對內心統一的人是不可思議的事。<sup>4</sup>衝突是自欺的必然結果，而自欺就是對自己

不誠實。⁵對上主之師，並沒有什麼挑戰可言。⁶因為挑戰意味著懷疑；而這群教師對上主的信賴是如此堅定，懷疑毫無立足之地。⁷因此他們不可能失敗。⁸不僅在這事上，他們在一切事上都是如此真實無欺。⁹他們必會成功的，這不只滿全了自己的願望。¹⁰他們是為全人類、全世界及一切萬物作出這一選擇，同時為了那永恆不變且千古不易的「無相」境界，也是為了上主之子以及他的造物主。¹¹他們怎麼可能失敗？¹²這一選擇出自徹底的真誠，他們對此選擇就如對自己那般肯定。

## （三）包容

1.　　　上主的教師不作評判。²評判別人就等於不誠實，因為評判時，你把自己放到一個本不屬於你的位置。³沒有一個評判不含有自欺的成分。⁴評判意味著你對弟兄已經有所蒙蔽。⁵那麼你自己怎麼可能不受同樣的蒙蔽？⁶評判表示缺乏信賴，信賴則是上主之師整個思想體系的基礎。⁷一失去這一基礎，所有的學習便功虧一簣。⁸放下評判，你才能對萬物一視同仁；除此以外，你還能作出什麼判斷？⁹放下評判，所有的人才可能成為你的弟兄，還有誰會與你對立為敵？¹⁰評判會毀了真誠，也粉碎了你的信賴。¹¹沒有一位上主之師能夠一邊評判人、一邊還可能學到任何東西的。

## （四）溫良

1.　　　上主之師是不可能傷害別人的。²他們既不會傷人，也不可能被傷害。³傷害必然來自評判。⁴那是由不誠的想法而形成的不誠行為。⁵它一旦判決弟兄有罪，必也同樣判決了自己。⁶平安到此告終，它拒絕了一個學習的機會。⁷於是，「上主的課程」形同虛設，神智不清的妄心便會大展「神」威。⁸每位上主之師在訓練的初期就該明瞭，傷害別人必會使他徹底忘卻自己的任務。⁹使他陷於迷惑、恐懼、憤怒、猜忌之中。¹⁰再也無法接受聖靈的教誨。¹¹若想聽到上主「聖師」之聲，必先明白傷人乃是一無所用之事。¹²而且對自己百害而無一利。

2.　　　因此，上主之師是全然的溫和良善。²因為他們需要溫良的力量，救恩的任務才會變得輕鬆愉快。³凡是存心傷害別人的人，

是輕鬆不起來的。<sup>4</sup>傷害別人對他既是毫無意義的事，溫良自然成了他的天性。<sup>5</sup>對神智清明的人而言，還有什麼比這更有意義的選擇？<sup>6</sup>一旦看到了天堂之路，誰還會選擇地獄？<sup>7</sup>誰會寧可削弱自己的力量而不惜傷人，放棄溫良帶給人的所向無敵之大能？<sup>8</sup>上主之師的力量就在他們的溫良之中，因他們已經了解了，自己的邪念既非來自上主之子，也不可能出自他的造物主。<sup>9</sup>這樣，他們的意念便結合於那神聖的生命之源。<sup>10</sup>於是，他們的意願（其實也就是上主的旨意）才得以自由地展現出來。

## （五）喜樂

1.      溫良必會帶來喜樂。<sup>2</sup>溫良表示恐懼在這一刻已無立足之地，還有什麼騷擾得了他的喜樂？<sup>3</sup>溫良所敞開的雙手常是豐盈的。<sup>4</sup>溫良的人沒有痛苦。<sup>5</sup>他們也不可能受苦。<sup>6</sup>那麼，他們怎麼可能不充滿喜悅？<sup>7</sup>他們如此肯定自己是被愛的，必然活得高枕無憂。<sup>8</sup>喜樂必會尾隨溫良而至，就如煩惱必會跟隨攻擊而來。<sup>9</sup>上主的教師全心信賴上主。<sup>10</sup>他們確信祂的聖師始終在前引路，確保他們不受任何傷害。<sup>11</sup>他們懷著上主的恩賜，步上祂的道路，上主的天音會隨時隨地為他們指引迷津。<sup>12</sup>喜樂成了他們的感恩之歌。<sup>13</sup>基督也懷著同樣的感激俯視著他們。<sup>14</sup>基督需要他們，正如他們需要基督那般迫切。<sup>15</sup>能夠共同為救恩的目標而奮鬥，是何等可喜可賀！

## （六）不設防

1.      上主的教師學會了如何活得單純。<sup>2</sup>他們已無需去作那些抵制真理的夢了。<sup>3</sup>他們也無意將自己打造成什麼人物。<sup>4</sup>他們如此喜樂，因為他們已經了解是誰創造了他們。<sup>5</sup>上主創造之物哪裡需要任何保護？<sup>6</sup>防衛措施所保護的不過是一個瘋狂的幻相，實在愚不可及；唯有徹底了解其中道理的人，才堪稱為上主的資深教師。<sup>7</sup>夢境愈是陰森可怕，它的防衛措施愈顯得銳不可當。<sup>8</sup>唯有等到上主之師甘心對幻相視若無睹時，才會發現那一切都是虛張聲勢而已。<sup>9</sup>開始的時候，他只能試著不受幻相所蒙蔽。<sup>10</sup>隨著信賴的增長，他會進步得愈來愈快。<sup>11</sup>放下防衛措施之後，隨之

而來的不是危機意識。[12]而是安全感。[13]是平安。[14]是喜樂。[15]也就是上主。

## （七）慷慨

1.　　慷慨一詞對上主之師具有特殊的意義。[2]它與世俗所認定的內涵截然不同；事實上，這個詞，你不只需要從頭學起，還得小心謹慎地學。[3]慷慨，一如上主之師的其他特質，最終仍是建立於信賴的基礎上，因為缺乏了信賴，沒有人能夠真正地慷慨。[4]對世俗中人，慷慨意味著「給出去」，充滿了放棄的味道。[5]對上主之師，它的意義則是「給出才會擁有」。[6]我們已在〈正文〉及〈練習手冊〉中多次強調過這一觀點，然而，慷慨可說是本課程中最令世人感到不可思議的一個概念了。[7]它之所以顯得特別突兀，只因它與世俗想法明顯地背道而馳。[8]用最平白簡單的話來講，這個詞對上主之師以及對世俗中人的意義截然相反。

2.　　上主之師的慷慨實際上是為了自性的益處。[2]而不是為了世人眼中自我的利益。[3]上主之師不會想要無法與人分享的東西，因為他明白，無法分享之物對他毫無價值。[4]他要那東西幹嘛？[5]那類東西對他只是一種損失。[6]不會帶給他任何好處。[7]因此他不會追求任何只能獨享之物，因為它們必是難以久存的。[8]他再也不想受苦。[9]豈會這樣自找苦吃？[10]他只想要上主擁有的那一切；不只是為他自己，也為了祂的聖子。[11]那才是真正屬於他的東西。[12]也只有這個，他才能真正慷慨地給出去，同時也永遠為自己保存下來了。

## （八）耐心

1.　　凡是對結局肯定不疑的人，才可能毫不焦慮地耐心等候。[2]耐心對上主之師是最自然不過的事了。[3]在他眼中，一切都是必然的結果，即使他一時仍看不明白，卻不再懷疑。[4]適當的答案會在適當的時機到來。[5]不論現在或未來之事，一概如此。[6]過去的事也一樣，絕無失誤，過去似曾發生的事，沒有一件不曾為他或世界帶來益處。[7]當時的他或許難以體會這一點。[8]縱然如此，

上主之師仍然願意重新反思過去似曾帶給人痛苦的一切決定。⁹能夠信賴的人，自然會有耐心。¹⁰他對時間領域中一切事件的終極意義充滿了信任，任何近在眼前或即將發生的事件都不足以激起他的恐懼了。

# （九）忠信

1.　　上主之師可用忠信程度作爲衡量他在此課程中進步快慢的標竿。²他會不會把自己的所學只用在生活的某一部分，而不敢去碰其他部分？³果眞如此，他的進步會大受限制，表示他的信賴之心不夠堅定。⁴忠信，表示上主之師信賴上主的聖言會修正一切；不只限於某些事情，而是所有的事。⁵一般來講，開始時他的忠信只限於某些方面，故而小心翼翼地迴避其餘事情。⁶若能把所有的問題完全交託給那唯一的終極答覆，這無異於全面扭轉了世界的思想體系。⁷唯有如此，才稱得上忠信。⁸到此地步才配得忠信的美名。⁹話說回來，只要朝此目標前進，不論多小的一步，都值得努力。¹⁰〈正文〉曾經說過，準備就緒並不表示已經駕輕就熟。

2.　　然而，眞實的忠信必然屹立不搖。²它始終如一，因它徹底的眞誠。³它矢志不移，表示充滿了信賴。⁴它一無所懼，才會安詳溫和。⁵它肯定不疑，所以時時喜樂。⁶它如此自信，故有包容的雅量。⁷就這樣，忠信與上主之師其餘的特質串連起來了。⁸這意味著，上主之師已經接納了上主聖言以及祂對聖子的界定。⁹忠信的眞諦始終指向這兩種神聖之境。¹⁰它的眼光矚目其上，追隨它們神聖的蹤跡，直到尋獲爲止。¹¹不設防的心自會隨侍左右，喜樂則是它的必然心境。¹²直到進入那一聖境，忠信才能心安理得地安息。

# （十）開放的心

1.　　開放的心可說是上主之師必備的最後一個特質，只要認清它與寬恕的內在關連，就不難了解它的關鍵性。²開放的心是伴隨不評判的修養而來的。³當你評判人時，等於向那位聖師封閉了自己的心靈；而開放的心則會向祂敞開歡迎之門。⁴定罪之心把上主之子判爲邪惡的人；而開放的心則讓上主的天音爲上主之子

辯護。⁵當你把罪咎投射到別人身上時，恨不得把他打入地獄；而開放的心則讓基督的形相延伸到他身上。⁶只有開放的人才能享有平安，因為只有他們才會看到平安的真正理由。

2.　　心靈開放的人如何寬恕？²他們得放下所有令自己難以寬恕的障礙。³他們已在真理內捨棄了世界，讓世界以嶄新的面目重現，它變得如此喜悅，如此光輝燦爛，完全超乎他們想像之外。⁴如今，世界已經脫胎換骨了。⁵以前看來死氣沉沉的世界，如今閃閃發光。⁶尤有甚者，萬物還會伸出歡迎之手，因為威脅已不復存在。⁷再也沒有烏雲遮住基督的聖容。⁸如今目標已經達成了。⁹寬恕即是本課程的最終目標。¹⁰它只是為那超越學習之境鋪平道路。¹¹本課程無意逞能，逾越它的本份。¹²它份內只有一個目標，就是寬恕；所有的學習最後都交匯於這一點上。¹³這已經綽綽有餘了。

3.　　你也許已經注意到了，上主之師的特質表中並沒有列出上主之子的天賦本質。²例如愛、無罪、完美、真知以及永恆的真理等詞都不曾出現於上下文中。³因為它們在此會顯得格格不入。⁴出自上主恩賜的生命本質，遠超乎本課程的範圍之上，任何課程到它面前只有悄然遁形一途。⁵然而，當那些本質顯得曖昧不明時，你最好專心學習這門課程。⁶上主教師的任務，便是把這「真正的學習」帶到人間。⁷更正確地說，他們是在教人如何解除過去的學習經驗，那才算是世上「真正的學習」之道。⁸上主的教師受命把這全面而徹底的寬恕喜訊帶到人間。⁹他們真是有福之人，因為他們成了傳遞救恩的使者。

# 伍 . 如何獲得療癒 ？

1.　　若想獲得療癒，我們必須先了解疾病幻相的眞正企圖所在。²缺了這一認知，是不可能眞正療癒的。

## （一）疾病在人心目中的目的

1.　　當受苦的人不再看重痛苦的價值時，他就自然痊癒了。²誰會甘心受疾病之苦？除非他認爲痛苦能帶給他某些好處或某些價值。³他一定認爲這小小代價能爲他換來更有價值的寶貝。⁴生病是出自一種選擇、一種決定。⁵他之所以作此選擇，只因他誤信脆弱就是力量。⁶一旦作此選擇，眞正的力量對他反而成了一種威脅，健康也成了危險。⁷疾病乃是人在瘋狂中想出來的應對方式，企圖藉此把上主之子推上天父的寶座。⁸上主在他眼中是一個專制蠻橫、令人生畏的超然力量。⁹若要打倒這位神明，上主之子不能不置祂於死地。

2.　　在這神智不清的信念下，療癒究竟代表什麼？²它象徵著上主之子的挫敗以及天父大獲全勝。³它代表上主之子被迫面對自己最終極的叛逆。⁴它代表上主之子爲了保全自己這一條「小命」而企圖隱藏的一切眞相。⁵他若得到了療癒，就不能不爲自己的念頭負責。⁶他若得爲自己的念頭負責，必然難逃一死的厄運，這才能證實他是多麼的脆弱可憐。⁷因此，他先下手爲強，置自己於死地，那麼他的脆弱才會轉爲一種力量。⁸如今，他已把上主可能賜他的結局先給了自己；就這樣，他全面篡奪了造物主的寶座。

## （二）知見的轉變

1.　　你對疾病的一無所用有多深的體認，就會得到多深的治癒。²人們只需要說，「這件事對我一點好處都沒有」，他就痊癒了。³但除非他先認清下列事實，否則他不可能說出這一番話的。⁴第一，他很清楚這是心靈的決定，而非出自身體的層次。⁵如果疾病只是一種錯誤的解決方案，表示它屬於一種決定。⁶既是一種決定，表示它出自心靈，而非來自身體。⁷而你一定會極力抵制

這種認知的，因爲在你心目中，整個世界的存在皆奠基於「身體是作抉擇的主體」這一信念。⁸例如「本能」、「反射作用」這類說法，充分顯示出人們企圖把身體抬舉成一個「非心靈」的行爲動力。⁹事實上，那些名詞不過道出了問題之所在。¹⁰它們並沒有提供任何答覆。

2.　　疾病乃是心靈爲了某種目的而利用身體所作出的決定，這一認知乃是療癒的基本要素。²不論哪一種療癒都缺不了這一認知。³只要病患決定接受這一觀點，他就會恢復健康。⁴他若抵制康復，自然得不到療癒。⁵誰是醫生？⁶就是病患自己的心靈。⁷他決定要什麼，就會獲得什麼結果。⁸表面上他好似得到某人的某種協助，其實那些助緣只是如實地反映出他所作的抉擇而已。⁹他選擇的那些助緣也不過具體表達出本人的願望罷了。¹⁰外援的功能僅限於此。¹¹他其實根本不需要這些援助的。¹²即使沒有這些助緣，病患仍能站起來說：「這對我一點用都沒有。」¹³所有的疾病都會當下痊癒的。

3.　　若要完成知見上的這一轉變，需要具備什麼條件？²它唯一的條件就是體認出疾病乃是出自心靈，與身體毫無瓜葛。³這種認知需要付出什麼「代價」？⁴它的代價即是你所見到的整個世界，因爲世界從此再也無法佯裝爲操控心靈的力量了。⁵有了這份認知，究竟誰該負責，便水落石出了，絕對不是世界，而是那看不出眼前世界真相的那個人。⁶他想要看什麼，就會看到什麼。⁷不多也不少。⁸世界從未對他做出任何事情。⁹他卻認定自己的一舉一動都受制於世界。¹⁰他對世界其實也沒有做出什麼大事，因爲他把世界究竟是怎麼一回事都搞錯了。¹¹認清這一點便足以把人由罪咎與疾病中一併解脫出來，因兩者原是同一回事。¹²然而，他必須先認同「身體無足輕重」的觀念，才可能受此解脫之惠。

4.　　接受了這個觀念，所有的痛苦從此一逝不返。²接受了這個觀念，他對宇宙造化的一切困惑都會煙消雲散。³這豈非必然的結果？⁴你只要在這一件事上把因果的關係調回它們正確的位置，你所學的一切便能普遍運用於萬事萬物之上，整個世界也會爲之改觀。⁵一個真實的觀念，它放諸四海皆準的價值是不可限量亦無止境的。⁶這個課程的最終成就即是「憶起上主」。⁷如今，罪咎、疾病、痛苦、災禍以及種種苦難，對你還有什麼意義？⁸它們一旦失去了存在的目的，只好悄然隱退。⁹它們似曾引發的種種

後遺症也隨之消失了。¹⁰因與果的關係只是模擬造化之工而已。¹¹只要你能看得正確，不加扭曲且心無恐懼的話，這種因果關係也足以爲你重建天堂了。

# （三）上主之師的任務

1.　　如果病患必須改變自己的心念才能獲得療癒的話，那麼上主之師還能作什麼？²他能替病患改變心念嗎？³當然不能。⁴對於那些已經願意改變心念的人，上主之師的唯一任務便是與他們一起歡樂慶祝，因爲他們已和他一起躋身於上主之師的行列了。⁵然而，對於那些尚不明瞭治癒眞諦的人，他們的任務就變得相當具體了。⁶這些病患不會明白，其實是自己選擇了疾病。⁷相反的，他們堅信是疾病找上門來的。⁸他們的心靈依舊封閉於此一觀念裡。⁹身體告訴他們該怎麼作，他們只能言聽計從。¹⁰他們毫不自覺這種思維的瘋狂愚昧。¹¹只要他們能對這一思維稍起一點疑心，就有療癒的希望了。¹²然而，他們如此堅信不疑。¹³分裂之境對他們來講實在太眞實了。

2.　　上主的教師就是爲這一類人而來的，他們代表了這些人早已遺忘的另一種可能性。²上主之師的臨在本身只是一種提示而已。³他的思維方式等於向病患信以爲眞的想法提出一種反問的權利。⁴上主的教師們，不只是傳遞訊息的使者，他們成了救恩的一個象徵。⁵他們請求病患因他自己的聖名之故而寬恕上主之子。⁶他們代表另一種神聖的選擇。⁷他們心中懷著上主聖言的祝福前來，不是爲了治癒有病之人，只是提醒他們上主早已賜給他們的藥方。⁸眞正治療的，不是他們的手。⁹講出上主聖言的，也不是他們的聲音。¹⁰他們給出的不過是上主賜他們的禮物。¹¹他們這樣溫柔地呼喚弟兄遠離死亡之途：「上主之子，請看永恆生命賜給你的禮物吧！¹²你何苦選擇疾病，而不惜放棄這一恩賜？」

3.　　上主的資深教師絕不會被弟兄信以爲眞的種種疾病所蒙蔽。²否則就表示他們已經忘卻了一個事實：所有的疾病都是爲了同一目的，因此它們實際上是同一回事。³上主之師會努力在這位自欺到竟然相信上主之子可能受苦的弟兄心內找到上主的天音。⁴他們會提醒這位弟兄，他不是自己造出來的這個生命，他絕對還是上主當初所創造的他。⁵他們明白這類幻相改變不了任何事情。

⁶他們內心的眞理會伸向弟兄內心的眞理，使得幻相無法繼續逞能。⁷就這樣，他們把幻相帶到眞相前，而不是將眞相帶入幻相內。⁸就這樣，上主的旨意藉此合一之願（而非某個人的意願），驅除了所有的幻相。⁹上主教師的任務不外於此：他們不再把他人之願視爲與己無關的願望，也不會把自己的意願視爲與上主旨意無關之願了。

# 陸．一定會得到療癒嗎？

1. 　　一定會得到療癒的。²幻相一旦帶到真相前，就無立足之地了。³真相顯示出幻相一無所用。⁴上主之師已經在病患的心裡看到了修正自己錯誤的機會，認出了修正的真實意義。⁵當他親自領受了救贖，他的病患必然也領受到了。⁶萬一病患把生病當成一種求生的途徑，認定療癒才是一條絕路，怎麼辦？⁷果真如此，突如其來的療癒會使此人陷入深度的憂鬱，強烈的失落感反而可能讓他萌生尋短的念頭。⁸他的人生一旦失去奮鬥的目標，很可能會走上自我毀滅的路。⁹為了他的安全，應該暫緩療癒的計畫。

2. 　　當人們還視療癒為一種威脅時，療癒通常會知趣地避開。²等到自己受到歡迎時，它才會即刻現身。³不論療癒降臨何處，人們遲早會領受得到。⁴時間豈有阻擋上主恩賜的能耐？⁵我們在〈正文〉多次提過那個「寶庫」，上主一視同仁地為施者與受者備妥了許多禮物。⁶一個禮物都不會失落，只會愈來愈豐富。⁷當上主之師幫人療癒而對方卻好似不領情時，也無需感到失望。⁸因為他無從判斷別人什麼時候才應接受他的禮物。⁹他應肯定不疑對方其實已經收到了，而且相信只要對方一旦認出那禮物是個祝福而非詛咒時，他自然就會接受的。

3. 　　上主的教師們沒有評估自己的禮物會產生什麼效益的任務。²他們的任務只是給出禮物，僅此而已。³只要他們盡了這一任務，自己便已同時獲益了，因為這也是禮物的目的之一。⁴他若開始操心給予出去的後果如何，他就給不出去了。⁵那對施予本身反而成了一種限制，施者或受者都難以由這禮物受惠。⁶信賴乃是施予的一個重要因素；施予就是靠這因素才能達到分享之效，也是這個因素確保施者只會獲益，絕不會受損的。⁷誰會給出禮物後還抓著不放，非要對方按照他認為適當的方式使用不可？⁸那樣不能算是給予，反而成了一種對人的束縛。

4. 　　唯有完全放下自己對這份禮物的操心掛慮，才稱得上是真正的給予。²唯有這種信賴，才能真正地給出東西。³療癒就是心靈的轉變，病患心中的聖靈一直在為他尋求的正是這份禮物。⁴這也是施者心中的聖靈所要給他的禮物。⁵這種禮物怎麼可能落空？⁶怎麼可能失效？⁷它怎麼可能受人糟蹋？⁸上主的寶庫永遠不空。

[9]只要失落一樣禮物，它就稱不上滿盈。[10]然而，它的滿盈有上主作保。[11]那麼，上主之師對自己禮物的效益還有什麼好擔心的？[12]其實，這是眞神對眞神的餽贈，在這神聖的交易裡，有誰會收到少於一切的禮物？

# 柒 . 需要再三療癒嗎 ？

1.　　答案其實就在問題之中。²療癒是無法重複的。³病患若已痊癒，還有什麼需要治療的？⁴我們已經說過，療癒既是必然之事，還有什麼好重複的？⁵上主之師若老是操心療癒的效果，反會限制了療癒的功能。⁶於是，眞正有待療癒的倒是上主之師的心態。⁷這才是他必須下功夫的地方。⁸如今他必須看清，自己才是有待治療的病患。⁹因爲他犯了錯誤，必須心甘情願地轉變自己的心態才行。¹⁰他缺了眞正的施予絕不可缺的信賴之心，因此，他還無法由自己的禮物中受益。

2.　　只要上主之師有意充當療癒的管道，他就已經成功了。²他若開始懷疑療癒的效果，也不該重複他先前所下的功夫。³他所能做的已經達到極限，因爲聖靈會如此接納也會如法運用的。⁴此刻，上主之師只有一條路可走。⁵他必須理性地說服自己，他已經把問題交託給一位絕不會失誤的「導師」了；他還需看出自己的彷徨不定絕不是出自愛，而是恐懼，那其實與恨無異。⁶他會感到對自己難以交代，因爲他正在恨自己原先想要愛的人。⁷這是不可能的。⁸他給出的如果是愛，對方收到的必然也是愛。

3.　　上主之師需要信賴的就是這一點。²所謂「奇蹟志工的唯一責任就是親自接受救贖」，眞正的意義即在於此。³上主之師必然也是奇蹟志工，因爲他必會收到自己給出的禮物。⁴但他必須先行收下此禮才行。⁵此外，他無需做任何事情，也做不出更多的事了。⁶唯有先接受療癒，才可能療癒別人。⁷如果他對這一點還有所懷疑，願他記得眞正給出禮物的是「誰」，而眞正收到這禮物的又是「誰」。⁸他的懷疑就會修正過來了。⁹他原以爲上主可能會收回祂的禮物。¹⁰那只是一個誤解，不必大驚小怪。¹¹總之，上主之師所能作的只是認清錯誤，讓它接受修正就夠了。

4.　　人們最難識破的誘惑就是：看到外在症狀不斷重現而懷疑療癒的功效，這是缺乏信賴的一種標記。²它骨子裡其實就是攻擊。³然而表面上它會裝得恰如其反。⁴操心掛慮乃是一種攻擊，這種說法乍聽之下確實有違常情。⁵因它具有愛的所有樣貌。⁶然而，沒有信賴，愛是無法存在的，而懷疑與信賴也不可能並存。⁷恨，不論化身爲何種形式，必然與愛水火不容。⁸你若毫不懷疑這禮

物，就不可能懷疑它的療效。⁹就是這份肯定不疑使得上主之師搖身一變而成了奇蹟志工，因他們已把信任寄於上主身上。

5.　　任何問題，如果我們已向上主的聖師尋求解答，心中仍存有一些疑慮的話，只有一個可能，就是自我懷疑。²那表示我們的信賴一定已經誤置於虛幻的自我之上了，只有那個「我」才不足以信任。³虛幻之我會化身爲許多不同的面目。⁴也許是擔心自己無能或是害怕受到傷害。⁵也許是唯恐自己不善而害怕失敗與受辱。⁶也許是出自假謙虛的一種自慚形穢。⁷這一錯誤不論以任何形式呈現，都無關緊要。⁸重要的是認清那不過是一個錯誤而已。

6.　　那個錯誤說穿了其實就是：上主之師感到自顧不暇而與病患劃清界線。²它認不出對方其實是你自性的一部分，這顯示出你對自己身分的迷惑。³你對自己身分的認知一旦產生衝突，便再也看不清自己的眞相了。⁴你之所以如此自我蒙蔽，因爲你已否定了創造你的生命之源。⁵如果你要給人的只是純粹的療癒，你不會懷疑的。⁶你若眞心想要解決問題，你也不會懷疑。⁷你若十分肯定問題的眞相，你更不會懷疑。⁸只有當你三心兩意又自相矛盾時，才會萌生懷疑之念。⁹確定一下自己究竟想要什麼，懷疑就無由生起了。

# 捌 . 如何避免難易有別的觀念 ？

1.　　相信世事難易有別，乃是世俗知見的立論基礎。²它的認知完全建立在差異性上，每個畫面都有錯落有致的背景，變化多端的前景，高低不同，大小不等，明暗不一，以及成千上萬的對比；每一物都想把另一物比下去，才能博得注目的眼神。³龐大之物會把小東西比下去。⁴亮眼的東西會比黯淡無光之物吸引人。⁵在世俗眼中比較刺激人的或是比較吸引人的觀念，都會攪亂心理的平衡。⁶人的肉眼最愛著眼於衝突。⁷別想從它們那兒尋求平安與了解。

2.　　幻相說穿了不外是種種「分別相」罷了。²除此之外，還有什麼其他的幻相可言？³幻相，望文生義，它必有把自己認爲重要但又明知其爲虛幻之物弄假成眞的企圖。⁴人心基於想要擁有的強烈欲望，必會設法將幻相變得眞實無比。⁵幻相只是仿效創造的拙劣贋品，企圖把眞理帶入世界的騙局之中。⁶當人心感到難以接受眞相時，必會起身抵制眞相，還會爲自己營造出一個勝利的假相。⁷人心若發覺健康成了一種負擔，便會逃避到一個「發燒」的夢境。⁸心靈一旦陷入這種夢境，便分裂了，與其他心靈顯得如此不同，各有所好，甚至能夠犧牲別人來滿足自己的需求。

3.　　這一切差異性究竟源自何處？²它們一定好似發生於外在世界。³然而，是誰在判斷肉眼之所見？絕對是心靈。⁴詮釋肉眼所獲的訊息且賦予「意義」的，也是心靈無疑。⁵因此這個意義絕對不存在於外在世界。⁶肉眼所見的「現實」其實都是人心想要看到的景象。⁷是它把自己的價值層次投射到外界，然後再派遣肉眼去把它找回來的。⁸肉眼必須透過那些分別相才能看見東西。⁹然而，知見的形成不是靠肉眼帶回的訊息。¹⁰它完全是建立在心靈對那些訊息的評估上；因此，只有心靈才能對自己的所見負責。¹¹唯有它能決定所見之物究竟是眞實的還是虛幻的，是自己想要的還是不想要的，要帶給身體的是快感還是痛苦。

4.　　錯誤的知見就是透過那擅長揀擇取捨的分別心而潛入的。²因此，修正的功夫必須由此下手。³心靈靠它先入爲主的價值觀來識別、鑑定肉眼帶回的訊息，是它在決定感官所搜集來的資訊如何排列組合。⁴這種判斷基礎何其荒謬！⁵它毫不自覺，這

些與存在於它內的鑑定系統不謀而合的東西，都是人心自己求來的。⁶唯有如此，它才能斷言自己的鑑定系統必然眞實可靠。⁷所有的分別判斷都是依據這一原則，因爲整個世界的判斷都建立在這一基礎上。⁸這種混淆人心且荒誕不經的「推論邏輯」怎麼可能值得信任？

5.　　療癒也沒有難易之分，因爲所有的疾病都是幻相。²當你治療精神病患時，難道陣勢大一些的錯覺妄想會比小規模的錯覺更難驅除？³難道聲音響亮一點的幻聽，會比輕聲細語的幻聽更容易使他信以爲眞？⁴難道在他耳邊輕聲慫恿他去殺人的幻音，會比大聲的命令更容易讓他聽若罔聞？⁵難道魔鬼手持的耙子有幾根叉，會改變他對魔鬼的相信程度？⁶他的心靈一旦把它們全都鑑定爲眞實之後，它們對他便全都變成眞的了。⁷唯有等到他明白這一切全是幻相，它們才會消失蹤影的。⁸療癒的道理也是如此。⁹幻相之間的差異性影響不了大局的，因那些形形色色的分別相和幻相本身一樣虛幻不實。

6.　　上主之師的眼睛仍會看到萬物的差異性。²可是，已經療癒的心靈再也不會與它認同了。³雖然有些人看起來好像「病得比較嚴重」，肉眼也會照舊報導病情的發展。⁴但已療癒的心靈會把它們全數歸類於同一個虛幻不實的範疇裡。⁵那位聖師給他的禮物就是幫他了解：人心從外在的表相世界所接收的訊息只能歸納爲兩大類。⁶而其中只有一類是眞的。⁷既然實相是全然的眞實，與大小、形狀、時間及空間無關——因爲差異性無法立足於實相之境；同理，幻相之間其實也沒有什麼分別。⁸不論哪一種疾病，只有一個答覆，就是療癒。⁹不論哪一種幻相，也只有一個答覆，就是眞相。

# 玖 . 上主之師需要改變生活環境嗎？

1.　　　上主的教師需要改變的是他們的心。²外在環境也許會隨之改變，但也不盡然如此。³不要忘了，什麼人會出現於什麼環境，都不是偶然的，在上主的計畫裡，沒有意外這一回事。⁴上主訓練新教師的課程一概是由改變心態下手的。⁵但沒有固定的模式可循，因為訓練方式一向是因應個人的需要而設。⁶有些人幾乎即刻感到有改變環境的必要，這通常屬於特別的案例。⁷絕大部分的教師所接受的訓練都是逐步推進的，直到過去的錯誤一一修正過來為止。⁸尤其是人際關係，必須從正確的角度來正視，所有未經寬恕的死角才能清理乾淨。⁹否則就會留給舊有的思想體系一個還魂的機會。

2.　　　上主之師在這訓練課程中走得愈深，他在每一課所下的功夫就會愈徹底。²他不再自行決定任何事情，隨時向自己的聖師祈求指引，作為自己行動的唯一指標。³上主之師逐漸學會放下自己的判斷後，這事會變得愈來愈容易。⁴放下自己的判斷，無疑是聽見上主天音的先決條件；這一過程通常進展得相當緩慢，不是因為它的難度，而是因為這通常被人視為有辱個人的尊嚴。⁵世間的訓練所致力的目標與本課程恰好背道而馳。⁶世俗要訓練人信賴自己的判斷，甚至以此作為衡量個人堅強與成熟度的標準。⁷我們的課程卻把放下判斷當作得救的先決條件。

# 拾. 如何才能放下判斷？

1. 　　判斷，與維繫這個幻相世界的其他伎倆一樣，都被世界徹底誤解了。[2]它甚至被人誤認為是一種智慧，企圖篡奪真理之位。[3]在世俗的觀念中，一個人能夠作出「好」的與「壞」的判斷，教育的目標即是加強好的而減少壞的判斷。[4]然而，人們對好壞的判斷卻莫衷一是。[5]某人覺得「好」的判斷，另一個人卻可能視為「壞」的判斷。[6]甚至同一個人對同一種行為的判斷，這一刻覺得「很好」，另一刻又覺得「很壞」。[7]沒有任何課程能給人一套前後一貫的鑑定標準。[8]學生隨時都可能推翻他的「準」老師的判斷，連老師自己所相信的那一套也未必前後一致。[9]因此，「好判斷」的界定並無太大意義。[10]「壞判斷」也是如此。

2. 　　上主之師必須明白，不是他不應該判斷，而是他無法判斷。[2]所謂放棄判斷，只不過是放棄他原本就不具備的能力。[3]他只是放棄一個幻覺而已，或者更好說，他的放棄本身即是一個幻相。[4]實際上他只是變得更誠實了。[5]認清自己根本沒有判斷的能力，他就不再心存這種企圖。[6]這不是犧牲。[7]相反地，在這種心境下，有一種判斷雖然不「出自」他，卻會「經由」他而出現。[8]這個判斷無所謂「好」或「壞」。[9]它是唯一真實的判斷，就是：「上主之子是清白的，罪根本就不存在。」

3. 　　本課程的目標與世俗的訓練大異其趣，它要我們認清自己是作不出世人所謂的判斷的。[2]這不是一種說法而已，而是事實。[3]若要正確地判斷一事一物，他必須對它的過去、現在及未來述之不盡的相關背景一清二楚才行。[4]他還需要事先認清自己的判斷對所涉及的人或物可能產生的任何影響。[5]他必須確定自己的觀點沒有任何偏曲，對每一個人所下的判斷，不論目前看來或未來回顧時，必然全然徹底的公正。[6]有誰敢作此保證？[7]除了有自大妄想症的人以外，有誰敢出此狂言？

4. 　　只要記得，有多少次你認為自己知道所有的「事實」，胸有成竹地作了判斷，結果卻錯得離譜！[2]有誰沒有這種經驗？[3]又有多少次你自以為是對的，其實是錯的，卻毫不自覺？[4]你為何選擇這種武斷作為你決定的憑據？[5]智慧不是判斷，而是放下判斷。[6]那麼，重新作個判斷吧！[7]就是：只有與你同在的「那一位」的

判斷才是完美無缺的。⁸祂知道現在、過去及未來的一切事實真相。⁹祂也知道祂的判斷對每一人或每一物可能產生的影響。¹⁰而且祂對每一個人都是徹底公正的，因為祂的觀點沒有任何偏曲。

5.　　因此，放下判斷吧，你會了無遺憾的，只是充滿感激的一聲輕嘆。²如今總算擺脫那壓得你寸步難行的沉重負擔。³那純是一種幻覺。⁴僅此而已。⁵如今，上主之師終於可以如釋重負，挺起身子踏著輕盈的腳步前進。⁶他所獲得的益處還不僅止於此。⁷他的操心掛慮也會煙消雲散，因他沒有任何值得牽掛之事了。⁸他已經把它連同自己的判斷都一起交託出去。⁹他也把自己交託給祂了，如今他已下定決心信賴祂的判斷，不再聽信自己的評判。¹⁰如今，他再也不會犯錯。¹¹因為在他內有一位萬無一失的神聖嚮導。¹²如今他開始祝福自己以前常批判的對象。¹³以前讓他感到哀痛的事，如今已能破涕為笑了。

6.　　放下判斷原非難事。²想要為自己的判斷而自圓其說才真不容易。³上主之師只要看清自己為判斷所付出的代價，必會棄之唯恐不及。⁴他環顧周遭的一切醜陋，都是出自判斷的遺害。⁵他所看到的一切痛苦，全是它導致的後果。⁶所有孤獨及失落感，所有虛度的光陰以及難以自拔的絕望，所有令人一蹶不振的消沉，以及對死亡的恐懼，全都源自於判斷的結果。⁷如今，他知道這一切實無必要。⁸也沒有一個是真的。⁹他一旦放棄了它們的肇因，知道那不過是他錯誤抉擇的後遺症罷了，毫不真實，所有困境都會由他的身邊銷聲匿跡的。¹⁰上主之師！只要你能踏出這一步，平安必會來臨。¹¹以此為自己的唯一目標，豈能說是難事一樁？

# 拾壹. 世界怎麼可能太平？

1. 　　這幾乎是每個人都會提出的問題。²外表看來，世界好似永無寧日。³然而，上主聖言許諾過不少這類看似不可能的事。⁴祂的聖言不只許諾了平安。⁵祂還許諾過死亡的消失、復活的結局，又說重生乃是人的天賦權利。⁶你所見到的世界一點都不像是上主所愛的世界，然而，祂的聖言卻一再保證，祂深愛這個世界。⁷上主聖言也曾許諾過，平安是可能存於此世的；凡是祂許諾的，沒有不成的事。⁸但你若想要收到祂許諾的禮物，你「真的」需要徹底改變自己看世界的眼光。⁹世界究竟是什麼？它不過是一個有目共睹的現象而已。¹⁰它會變成什麼樣子，你沒有選擇的餘地。¹¹但你願如何去看它，則在於你的選擇。¹²這確實是你「必須」作的選擇。

2. 　　我們又回到判斷的老問題上了。²這回，你捫心自問一下，你的判斷或是上主聖言的判斷，哪一個比較真實可靠？³你們倆對世界的看法是如此的不同，毫無妥協並存的餘地。⁴上主要給世界的是救恩；你的判斷卻定了它的罪。⁵上主說：死亡不存在；你的判斷卻說：死亡是生命註定的結局。⁶上主聖言向你保證，祂愛這世界；你卻評判它不值得一愛。⁷誰是對的？⁸你們兩個之中必有一個是錯的。⁹這是不可否認的事實。

3. 　　本課程的〈正文〉解釋過，你所製造出來的一切問題，只有一個終極答覆，就是聖靈本身。²那些問題都不是真的問題，但對相信它們的人而言，這一說法毫無意義。³每個人都會相信自己所造的東西，而且正因他如此相信，當初才會造出它們的。⁴面對這既無意義又沒道理、也找不到出路的世界，上主給出祂的「判斷」來回應人類詭異又矛盾的處境。⁵祂的「判斷」會溫柔地取代你的判斷。⁶經過這番取代之後，所有不可理解的都變得可理解了。⁷世界如何才能太平？⁸根據你的判斷，那是不可能的，永遠也不可能的事。⁹但在上主的「判斷」下，世界反映出來的其實就是平安。

4. 　　對那些老是著眼於戰爭的人，平安當然沒有立足之地。²然而，對於那些常常分享平安的人，平安卻是天經地義的。³原來，擺脫自己對世界的判斷是這麼容易的事。⁴不是世界使得平安無法

立足。⁵而是你眼中的世界不允許平安存在。⁶受盡扭曲的世界就在上主這一「判斷」下得救了，心安理得地歡迎平安的來臨。⁷平安也會欣然回應，翩翩降臨人間。⁸如今，平安終於能在世上安身立命了，因為上主的聖念已經進入了世界。⁹除了上主的聖念以外，還有什麼東西能夠僅憑這一念就把地獄轉變為天堂？¹⁰大地在此仁慈而神聖之念下俯首，上主聖念也會親切地俯身作答，再次把世界高高舉起。¹¹如今，問題改變了。¹²不再是「世界怎麼可能太平？」而是「世界怎麼可能不太平？」

# 拾貳. 拯救世界需要多少位上主之師？

1.　　答案是一位。²只要有一位完美無缺的上主之師完成了所有的課程，便綽綽有餘了。³這已被祝聖及救贖的一位，搖身一變，成了自性本身，也就是上主之子。⁴自始至終都是一個圓滿靈性的他，如今再也不會視自己為一具身體，也不會認為自己活在身體內了。⁵於是，他成了無限的存在。⁶身為無限的存在，他的意念便永永遠遠與上主的聖念結合了。⁷他對自己的認知都是根據上主的「判斷」，而非自己的判斷。⁸他便如此融入了上主的旨意，將祂的聖念帶入精神錯亂的心靈內。⁹他永遠都是那個完整無缺的生命，因為他仍是上主當初所創造的樣子。¹⁰他已接納了基督為他的自性，他已得救了。

2.　　人子就這樣變成了上主之子。²這稱不上什麼轉變，他不過改變了心念而已。³他的外形沒有任何改變，然而，他的內心如今卻能處處反映出上主的愛。⁴上主也不再顯得那麼可怕了，因為人心已看不出任何受罰的理由。⁵上主的教師看起來好像有很多位，那只是基於世人的需要。⁶他們有志一同地結合於上主的同一目的之下，怎麼可能還有彼此之分？⁷即使他們呈現出不同的面貌又有何妨？⁸只要同具一心，他們的結合便已圓滿了。⁹上主如今已能透過他們的一體生命而工作，因為他們本來就是同一個完整無缺的生命。

3.　　為什麼上主之師需要幻化為這麼多位教師？²因為精神錯亂的人是無法了解實相的。³只有極少數的人聽得到上主的天音，然而連他們也無法直接通傳聖靈所賜的訊息。⁴他們需要一個中介，才可能向那些尚未認清自己是靈性的人傳遞天音。⁵他們需要一具人們看得見的身體。⁶一種人們聽得懂的聲音，才消除得了他們心中抵制真理的恐懼。⁷不要忘了，真理只會在人們一無所懼地展臂歡迎之刻來臨。⁸因此，上主的教師需要一具身體，因為一般人無從直接認出他們內在的一體生命。

4.　　造就上主之師之道即是教他們認清身體的正確目的。²當他們對自己的職務體驗愈深，就會更加肯定不疑，身體的作用只是讓上主天音傳入人們的耳朵而已。³耳朵再進一步把這超越世界之上的訊息傳到聽者的心中；人心會認出這些訊息的，因為它們直接

來自那終極源頭。⁴有了這一番了解，上主的新教師才會認出身體的眞正目的，也是它唯一而眞實的用途。⁵這一課（是指上述的了解，而非本課12課）便足以帶給他一體的經驗，讓他豁然醒悟：原本一體的仍是一體。⁶上主的教師們表面上與一般人一樣活在分裂的幻境中，這是因爲他們需要藉助於形體之故，然而，他們再也不會被幻境中的種種表相所蒙蔽了。

5.　　　你把身體作何用途，它就變成了你，這是最關鍵的一課。²你若用身體來犯罪，或攻擊（兩者都與罪無異），你就會視它爲有罪之身。³因爲罪孽深重的，必然脆弱不堪；因爲脆弱不堪，它註定受苦，最後必然難逃一死。⁴你若能藉助身體而把上主聖言傳給尚未領受的人，身體就被聖化了。⁵它既是神聖的，便不可能生病，更不可能死亡。⁶當它的用途已盡，便可棄置一旁，如此而已。⁷心靈才是眞正的抉擇者，身體的狀況全都出自它的決定。⁸然而，上主之師絕不會獨自作此決定的。⁹否則，他會在那原能聖化身體的目的之外賦予身體另一個目的。¹⁰上主的天音不只告訴他任務何在，還會讓他知道他何時已善盡了本分。¹¹不論是去是留，他都不會受苦的。¹²如今他再也不會疾病纏身了。

6.　　　一體生命與疾病是不可能同時存在的。²上主的教師自願逗留夢境一段時間。³這是有意識的抉擇。⁴因爲他們已明白，所有的抉擇都是出自意識的決定，而且十分清楚這些決定所帶來的後果。⁵夢境則有另一番說詞，但人若已認清夢的眞相，誰還會相信它那一套？⁶上主教師的眞正任務便是認清自己在作夢。⁷他們看著夢中的角色來來去去，千變萬化，受盡病苦而死。⁸卻絲毫不受眼前的景象所蒙蔽。⁹他們已經認清，不論把夢中人看成分裂且病態的，或把他看成健康而美麗的，都同樣的虛幻。¹⁰唯有一體生命不是夢境中的產物。¹¹上主的教師要學的，就是在夢境的背後認出這超越一切形相又非他莫屬的一體生命。

# 拾參. 犧牲究竟是什麼意思？

1.　　犧牲，這一名詞在眞理內雖然毫無意義，在人間卻充滿了意義。²它的意義就像世上所有事物一樣，只有一時的效用；當它的功能用罄，其意義終將隱沒於它所源自的虛無中。³然而在此，它眞正的意義則成了我們的必修課程。⁴它就像所有的課程一樣，仍在幻相之列，因爲在實相內，沒有什麼好學的。⁵但我們仍需一個修正方案來取代這個幻相；也就是以另一個幻相來取代前一個幻相，最後兩者方能一併消逝。⁶前一個幻相必須替換下來，新的思想體系才有立足之地，這幻相即是：「放棄世間任何東西都是一種犧牲。」⁷還有什麼比這更虛幻的看法？整個世界本身就是一個大幻相。

2.　　需要相當的修持才可能明白並接受「世界不能給人任何東西」這一事實。²「犧牲虛無」的說法究竟有何意義？³它不可能意味你會因此而「擁有更少」。⁴在世俗的認知下，沒有一種犧牲不涉及你的身體層次。⁵你不妨反思一下，人間所謂的犧牲指的究竟是什麼？⁶權力、名位、金錢、生理的欲樂，哪一樣不屬於所謂的「夢中英雄」？⁷它們除了對身體有價值以外，還有什麼意義？⁸然而，身體本身沒有評估價值的能力。⁹是心靈爲了得到這些東西，不惜與身體沆瀣一氣，存心蒙蔽自己的眞實身分而模糊了它的眞相。

3.　　人心一旦產生這種混淆，就再也無法認清「世上所有的欲樂都虛幻得很」這一事實了。²這究竟會帶給人多大的犧牲？那犧牲可大了！³從此，心靈開始詛咒自己求而不得，永遠無法活得心滿意足，最後連自己眞正想要找什麼都搞不清了。⁴誰能躲避得了這種自我詛咒？⁵唯有上主的聖言才有此可能。⁶自我詛咒乃是對自己身分的一種選擇或決定，沒有一個人會懷疑心目中所認定的自己。⁷他可能懷疑其他的一切，但絕不會懷疑這個自己的。

4.　　上主的教師已經能夠毫無遺憾地捨棄人間的欲樂了。²捨棄痛苦豈能算是一種犧牲？³成人豈會因爲放棄童玩而惱怒不已？⁴已能看清基督聖容的人，豈會留戀人間這座屠宰場？⁵已由生老病死的世界解脫出來的人，也不會回頭去詛咒世界的。⁶但他必會慶幸自己擺脫了世俗價值向他索求的一切犧牲。⁷爲了那些價值，

他犧牲了所有的平安。⁸爲了它們，他犧牲了所有的自由。⁹爲了擁有它們，他必須犧牲天堂的希望以及對天父之愛的記憶。¹⁰凡是神智清明的人，誰會選擇虛無而放棄一切萬有？

5.　　犧牲究竟是什麼意思？²它就是人們相信幻相必得付出的代價。³也是否定眞相必付的代價。⁴世上沒有一種欲樂不要求這種代價的，否則人們不難一眼看穿這種欲樂其實與痛苦無異；一旦認清了這一眞相，沒有人會自找苦吃的。⁵就是錯誤的犧牲觀念使他目盲而心迷。⁶看不清自己究竟在求什麼。⁷只好上窮碧落下黃泉地追尋；每當自以爲找到了時，結果都是令人失望的一場空。⁸「去找但不要找到」乃是世界最無情的遊戲規則了；凡是追求世俗目標的人都過不了這一關的。

6.　　你也許認爲本課程會要求你犧牲自己的所愛。²從某種角度來講，可說是眞的，因爲你珍愛之物正把上主之子釘在十字架上，動彈不得，而本課程的目的是要釋放他，還他自由。³但不要因此而誤解了犧牲的意義。⁴犧牲要你放棄的不外乎你想要之物。⁵上主之師啊！你究竟想要什麼呢？⁶上主一直召喚著你，你其實已經答覆了。⁷如今，你難道願意犧牲這個召喚嗎？⁸到目前爲止，聽到這召喚的人少之又少，人們只能轉而向你求助。⁹在整個世界中，你成了他們的唯一指望。¹⁰你的聲音成了上主天音在人間的唯一迴響。¹¹你若犧牲了這一眞相，他們便會一起墮入地獄。¹²他們一旦陷落，你也會與他們一起沉淪的。

7.　　不要忘了，犧牲是全面的。²沒有半得半失的犧牲。³你不可能只放棄天堂的一部分。⁴你也不可能只墮入地獄一點點。⁵上主聖言的作用也是全面的，沒有例外。⁶正是這一特質造就了它的神聖性，且超越三界之上。⁷這一神聖性直指上主之境。⁸這一神聖性保障了你的安全。⁹只要你一攻擊弟兄，不論任何原因，救贖便會離你而去。¹⁰因爲這等於重蹈了天人分裂的覆轍。¹¹分裂原是不可能存在的，¹²也不可能發生。¹³但你對它篤信不疑，因爲你已經陷身於一個不可能存在之境了。¹⁴在這處境下，所有不可能的事好似都可能發生。¹⁵它一旦發生了，你就不能不付出「犧牲眞相」的代價了。

8.　　上主之師，切莫忘了犧牲的意義，並且記住，你所作的每一個決定不會不牽涉某種代價的。²你若選擇上主，這一切對你都

成了平白的恩賜。³你若決定背棄上主，就等於選擇虛無，那麼，你就會喪失所有的覺知力。⁴你究竟想要傳授別人哪一種選擇？⁵你只需記住自己究竟想要學到什麼就夠了。⁶這才是你該用心之處。⁷救贖是爲你而設的。⁸你透過學習而領受救贖，也透過學習而給出救贖。⁹世界容納不下它。¹⁰但你只要學習本課程，救贖便非你莫屬。¹¹上主把祂的聖言交託給你，因爲祂需要上主之師。¹²除此之外，還有什麼更好的拯救上主之子的方式？

# 拾肆 . 這世界會如何結束 ?

1.　　試問，一個缺乏存在之因的東西豈會有眞正的結束？²世界怎樣由幻覺中誕生，也會怎樣在幻覺中結束。³然而，它的「結束幻相」必然充滿了恩慈。⁴它會籠罩在一個全面徹底、無所不包、無限祥和的「寬恕幻相」中，掩蓋了所有的邪惡與罪孽，一切罪咎也就至此告終了。⁵由罪咎交織而成的世界也就跟著結束了，因它如今已失去了存在的目的，只有銷聲匿跡一途。⁶相信「幻相具有某種目的且能滿足某種需要」之念，乃是一切幻相之父。⁷只要認清了幻相原來不具任何目的，它們便消失了蹤影。⁸只要認清它們一無所用，它們就無法造次了。⁹除此之外，還有什麼更好的方法能夠結束所有的幻相？¹⁰它們已被帶到眞相前，而眞相對它們視若無睹。¹¹因爲眞相從不著眼於無意義之物。

2.　　在我們完成寬恕的功課以前，世界確實還有它存在的目的。²它成了寬恕的搖籃，寬恕在這兒成長，茁壯，學習包容一切。³它在這兒得到滋養，因爲這兒需要它。⁴那位慈祥的「救世主」就誕生在充滿罪惡且使罪咎顯得極其眞實之地。⁵這兒是他的家，因爲這兒眞的需要祂。⁶世界因著祂的到來而進入了末世時期。⁷上主之師答覆了祂的召喚，靜靜地轉向祂，領受祂的聖言。⁸當世界萬物都受到了祂公正的「審判」時，世界就結束了。⁹世界會在神聖的祝福中結束的。¹⁰當一個罪的念頭都不存在時，世界就過去了。¹¹它不會遭到毀滅或任何攻擊的，連一根毛髮都不會受到傷害。¹²它只是失去了那虛幻的存在而已。

3.　　當然，這一結局看來似乎遙不可及。²「當一個罪的念頭都不存在」的說法，聽起來確實像個遠程目標。³但是時間會停止運轉，供上主的教師完成目標。⁴他們中只要有一個人親自接受了救贖，所有的罪念就在那一刻消失了。⁵寬恕一個罪，並不比寬恕所有的罪更容易一些。⁶難易之別的幻相乃是上主之師必須學會突破及超越的一大障礙。⁷只要有一位上主之師能徹底地寬恕一個罪過，救恩就已圓滿完成。⁸你能了解這一點嗎？⁹恐怕不能，這種說法對世人是毫無意義的。¹⁰然而，一體之境得靠這最後一課才能恢復本然狀態。¹¹它與世俗所有的觀念正好背道而馳，天堂也是如此。

4.　　　世俗的思想體系一旦徹底扭轉過來，世界就此結束了。[2]在那以前，它零零星星的觀點還會說得振振有辭。[3]如果我們還不打算離開世界，還捨不下它小小的能耐的話，是不可能真正明瞭這足以結束世界的最後一課的。[4]那麼，在這最後一課中，上主之師究竟負有什麼使命？[5]他只需學習接受它的指點，心甘情願且按部就班地修。[6]如果上主的天音說他能夠學會這一課，只要他信得過，他必能學會的。[7]他不再自行判斷此課的難易。[8]他相信那位聖師不只會指引方向，還會具體指點他學習的途徑。

5.　　　世界必會在喜樂中結束，因為這兒是哀傷之地。[2]喜樂一旦來臨，世界就失去了存在的目的。[3]世界會在平安中結束，因為這兒是殺戮戰場。[4]平安一旦來臨，世界還有什麼存在的必要？[5]世界會在歡笑中結束，因為這兒是涕泣之谷。[6]歡笑者所到之處，還有誰會哭泣？[7]唯有全面寬恕，方能為世界帶來這一切祝福。[8]世界會在祝福中離去，它的結束和它的起始境界截然不同。[9]上主之師的任務便是化地獄為天堂，因為他們教人的課程處處反映出天堂的幸福。[10]現在，懷著真正謙遜之心坐下來，好好體會這一事實：凡是上主願你去做的，你必能做到。[11]切勿傲慢地說：你是不可能學會祂為你訂的課程的。[12]祂的聖言確有另一番說詞：[13]願祂的旨意成就！[14]此外別無其他的可能。[15]為這一必然結局而感恩吧！

# 拾伍．每一個人最後都會受到審判嗎？

1.　　　當然會。²沒有人躲得了上主的最後審判。³誰能永遠逃避眞相？⁴但最後的審判會等到人們不再害怕它時才會來臨。⁵等到有一天每個人都伸出歡迎之手，最後的審判就會在那一天降臨。⁶他會聽見宣判他無罪的聲音迴盪在整個世界；當世界能夠接受上主對他的審判時，世界也重獲自由了。⁷救恩靠的就是這個審判。⁸使他重獲自由的也是這個審判。⁹萬物與他同時在這審判中重獲自由。¹⁰永恆的腳步一臨近，時間便會暫停運作，整個世界頓時沉寂無聲，使每個人都能聽見上主對聖子的審判：

> ¹¹你是聖潔、永恆、自由而且圓滿無缺的，永遠安息於
> 上主的天心內。¹²如今世界在哪裡？哀傷又在哪裡？

2.　　　上主之師啊！你可能對自己作出這個審判結果嗎？²你可相信此言眞實不虛？³不能，你還不能。⁴這仍是你有待努力的目標，也是你身在此地的原因。⁵你的任務就是培養自己得以聽見這一審判，而承認它眞實不虛。⁶你只要徹底相信這一點，即使是短短的一瞬，你便能超越信念而達到肯定不疑之境。⁷只要你能超越時間片刻，時間會就此告終。⁸不要判斷，因那無異於判斷自己，這會延誤最後審判的來臨。⁹上主之師啊！你還要怎樣判斷世界？¹⁰難道你還未學會引退下來，靜聽心內神聖的審判之音？¹¹難道你還想要篡奪上主的角色？¹²學習靜下來吧，因爲只有在寧靜中你才會聽到祂的聲音。¹³只要你肯退至一旁，靜靜地等候天音，上主的審判就會降臨於你的。

3.　　　你有時候悲哀，有時候憤怒，有時候感到自己沒有得到應得的照顧，你盡了全力，不僅未得到別人的欣賞肯定，還受到藐視；這些愚昧的念頭都可以放下了。²這些微不足道的想法，實在一刻都不配盤據在你聖潔的心內。³上主的審判正等著你給祂機會釋放你。⁴你究竟還期待世界給你什麼，不論那些禮物在你心目中重要與否？⁵你必會受到一個公平而正直的審判的。⁶上主誠實無欺。⁷祂的許諾必然萬無一失。⁸你只需記得這一點。⁹這個審判有祂的許諾作爲保證，世界終將接受祂審判的。¹⁰你的任務就是讓那末日審判早一點來臨而已。¹¹你的任務就是把這審判珍藏於心中，並且帶給全世界，才能確保它永不失落。

# 拾陸. 上主之師應該如何度日?

1.　　　這問題對資深的上主之師而言,實在沒有太大的意義。²人生的課程每天千變萬化,是無法預先設定的。³然而,有一點,上主之師相當肯定:生活中的變化絕非偶然發生的。⁴看出這一點,並了解此言真實不虛,他就能夠活得安心自在了。⁵自然會有人告訴他,他在這一天以及每一天該扮演什麼角色。⁶凡是有緣與他共同演出的人,自會找上門來,一起進行當天該學的功課。⁷他所需要的人絕不會缺席;凡是出現於他眼前的,必會帶來一個既定的共修目標,那就是他當天該學的課程。⁸因此,對資深的上主之師而言,這問題顯然是多餘的。⁹這問題不只已經提出,而且已經答覆了,他與那終極答覆始終保持聲息互通。¹⁰他顯得胸有成竹,因為展現在眼前的路是如此平坦而安穩。

2.　　　至於那些信心還不夠堅定的人,又當如何?²他們仍未達到隨心所欲而不踰矩的地步。³他們要怎樣才能學會把這一天交託給上主?⁴我們可以提供一些基本原則,只是當事人必須衡量自己的狀況量力而為。⁵若把它們當成例行公事,反而容易引發問題,因為它們很容易變為天條或偶像,而傷及原先設定這些原則的真正用意。⁶我們可以這麼說:好的開始是成功的一半。⁷但如果一天之始就亂了腳步,他們隨時都可以重新開始。⁸當然,若想要節省時間的話,愈早開始獲益愈大。

3.　　　一開始就懷著節省時間的初衷,是明智之舉。²這當然不是終極的評估標準,但在起步階段,它的效果最為顯著。³開始時,我們會再三強調節省時間的重要性,它在整個學習過程也扮演著相當重要的角色,但是,愈到後來我們就會愈少強調它了。⁴剛開始時,我們敢肯定地說,如果你能正確地開始一天的生活,必會幫你節省許多時間。⁵至於我們究竟該投入多少時間?⁶這完全取決於上主之師的個人需要。⁷他必須操練過整部〈練習手冊〉,才配稱為上主之師,因為我們的操練是以本課程為基本藍圖的。⁸他需要按部就班地完成〈練習手冊〉的操練之後,才可把個人的需求列為基本考慮。

4.　　　這是一部相當具體務實的課程。²上主之師一早醒來的環境未必適合靜心。³在這情況下,他只需記住盡快為自己安排一段能

與上主共處的時間即可，願他真能如此。⁴時間的長短並不重要。⁵一個人可能放鬆地閉著眼睛靜坐一個小時卻一無所得。⁶一個人也能同樣輕鬆地騰出片刻的時間，卻在那一刻中全然結合於上主之內。⁷總之，大致的原則即是：醒來之後，愈早靜心愈好；當你開始坐立不安時，不妨再撐一兩分鐘。⁸你也許會發現，那個障礙竟然變得無影無蹤。⁹若非如此，就該在此結束你的靜心。

5.　　　晚上靜心的步驟也大同小異。²如果睡前一刻對你不太方便，你的靜心時間可以安排得早一點。³躺著靜心，絕不是明智的選擇。⁴最好坐著，挑個你最自在的姿勢。⁵操練過一遍〈練習手冊〉後，你對此多少也累積了一些經驗。⁶可能的話，臨睡前是獻給上主的最佳時刻。⁷它會將你的心靈導入一種安息狀態，不受恐懼的侵擾。⁸若為了權宜之計不得不提早你的靜心時間，至少在臨睡前騰出片刻，閉起眼睛，想一想上主。

6.　　　你從早到晚應該特別把下面這個念頭牢記於心。²它是一種純然喜悅之念、平安之念、無窮無盡的解脫之念；它之所以無窮盡，是因萬事萬物都會在這一念中重獲自由。³你以為你已經替自己建造了一座安全堡壘。⁴你以為自己擁有一種能力，足以將你由夢中可怕的魅影裡拯救出來。⁵其實不然。⁶那絕不是你的安全保障。⁷你放棄的不過是那想要保全幻覺的大幻覺而已。⁸那才是你害怕的，你害怕自己得放棄那些幻相。⁹害怕虛無是多麼愚蠢的事。¹⁰那兒純然空無一物！¹¹你的種種防衛措施一無所用，其實，你的處境也沒有任何危險。¹²你根本不需要這類防衛措施。¹³一旦認清了這一事實，那些防衛伎倆就自行引退了。¹⁴唯有如此，你才可能接受自己的真正保障。

7.　　　願意接受上主保護的教師，便能輕鬆自在地度日了。²他以前為自己建造的安全措施，再也引不起他的興趣。³因為他已安全了，而且內心對此肯定不疑。⁴他的神聖嚮導絕不會辜負他的期待。⁵他再也不去評估問題的輕重難易，因為他已將所有問題交託給「那一位」了，祂的解決方案是沒有難易之分的。⁶他不只現在是安全的，在幻覺侵入心靈以前以及放下一切幻覺之後，他始終安全無比。⁷他的處境並不會因時因地而有所不同，因為對上主而言，它們全是同一回事。⁸這是他真正的保障。⁹除此之外，他不需要任何保障了。

8.　　　然而，在人生旅途中，上主之師一路上仍會遇到誘惑，從早到晚，他都需要提醒自己，什麼才是自己真正的保障。²他該怎麼做？尤其是當他在為世間的俗務操心掛慮時。³他只能量力而為，只要他有必成的信念，他遲早會成功的。⁴但他內心必須十分清楚，成功並非來自於他，而是來自天恩，不論何時何地或任何境遇，只要他求，就會得到。⁵當然，有些時候，他不免會三心兩意；心志一旦動搖，他就會掉入以前「求人不如求己」的誘惑中。⁶不要忘了，這些念頭都屬於怪力亂神之流，與真實的援助相比，它只能算是一種可憐的替代品。⁷它配不上上主之師的，因為它配不上上主之子。

9.　　　遠離這些怪力亂神，你就遠離了誘惑。²所有的誘惑，說穿了，不過是一種想要取代上主旨意的企圖而已。³這種企圖聽起來很可怕，其實只是一種病態的表現。⁴它發生不了任何作用，更談不上什麼好壞，它不會犒賞你也不要求任何犧牲，它既無療癒之效也無破壞之力，既不能安撫人心也不足以激起你的恐懼。⁵只要識破這些怪力亂神的虛無，上主之師就已達到修行的最高層次了。⁶所有中階課程都在致力於這一目標，將人導向這一認知。⁷任何怪力亂神，不論化身為何種形式，最後都一事無成。⁸正因它一無所能，才那麼容易擺脫。⁹發生不了任何作用的東西豈會嚇得了任何人？

10.　　　世間沒有一物取代得了上主的旨意。²簡而言之，上主之師應把他一天的精力為此真理作證。³他一旦把任何替代品當真，他就被蒙蔽了。⁴但只要下定決心不受蒙蔽，他就不可能受到蒙蔽。⁵他不妨記住這句話：「上主與我同在，⁶我不可能受到蒙蔽。」⁷他也可以選擇其他的話，或是僅僅一個字，甚至一個字都不需要。⁸然而，當他拒絕誘惑而不把怪力亂神當真時，心中應該非常清楚，那不是因為怪力亂神可怕，或是它多麼罪過，也不是因為它危險，而是因為它毫無意義。⁹怪力亂神深深地紮根於犧牲及分裂之念（這兩者只是同一錯誤的兩面而已），當他決定放棄怪力亂神時，他所放棄的其實是自己不曾擁有之物罷了。¹⁰作此「犧牲」後，天堂就會重現於他的覺知當中。

11.　　　這種交易豈不是你夢寐以求的嗎？²世界若知道有這麼好的生意，誰會不樂意接受這一交易？³上主之師必須奔相走告：世上確有這種好生意可做。⁴因此他們的任務就是先確定自己已經

學到這一本領了。⁵除非你仍然仰賴那些怪力亂神，你才會受苦，否則今天沒有任何危險威脅得到你。⁶「除了上主旨意以外，沒有其他的旨意存在。」⁷上主的教師深知這一事實，並且明白，上主旨意之外全都淪為怪力亂神之列。⁸只要你相信某一個無聊的幻相還蠻靈驗，你就等於在為所有的怪力亂神背書了。⁹上主的教師必須善用每天、每時，甚至每分每秒的機會，訓練自己看穿種種怪力亂神，並且認清它們毫無意義。¹⁰你一旦不再害怕它們，它們就會知難而退了。¹¹天堂之門就會為你重新開啟，它的光明會再度照耀在你清淨安寧的心靈上。

# 拾柒. 上主之師該怎樣面對怪力亂神之念？

1. 　　這對上主的教師及學生雙方都是個關鍵問題。²這一問題若處置不當，上主之師不只會傷害了自己，還會侵犯到他的學生。³它會加深人的恐懼，使得這些怪力亂神對雙方都顯得真實無比。⁴因此，如何處理人間的怪力亂神，成了上主之師必須掌握的一門重要課程。⁵他的首要之務即是不去攻擊它。⁶只要怪力亂神之念仍會激起上主之師一點憤怒的情緒，無可置疑的，他不只加深了自己對罪的信念，而且定了自己的罪。⁷還有一點是可以肯定的，他會為自己招來更多的煩惱、痛苦、恐懼以及災禍。⁸願他牢牢記住，這並不是他願傳授別人的，因為這不是他想要學到的東西。

2. 　　然而，人們常會情不自禁地與怪力亂神互通款曲，不知不覺地助長了它的氣焰。²很少人能夠識破這一陰謀。³事實上，它還常常隱身於助人的善意之下。⁴就是這別有企圖的用心，使得那個善行產生不了什麼作用，甚至還會導致種種令人不悅的後果。⁵可別忘了，它的結果對師生雙方都會產生同等的影響。⁶我們已經強調過許多次，「你所給的一切都是給你自己的」。⁷沒有比上主之師協助別人的案例更能清楚地驗證這一觀點了。⁸他會清楚看到他給的一切真的是給他自己的。⁹因為他給出的必然是自己想要得到之物。¹⁰而這份禮物藏有他對神聖的上主之子的判斷。

3. 　　一個極其明顯的錯誤，如果它的後果是有目共睹的，就很容易修正過來。²只要師生雙方有志一同，真誠地學習這一課，他們會同時得到解脫的。³唯有當他們別有企圖，各懷鬼胎時，攻擊之念才會乘虛而入。⁴如果學習的後果並未帶給人任何喜悅，表示已經落入了上述的陷阱。⁵如果教師本身能夠一心一意，就能將三心兩意的學生導向同一個方向，只要教師的求助別無二心。⁶那麼，就很容易得到唯一的答覆了，這種答覆保証會進入上主之師心中的。⁷它會由老師的心靈照入學生的心中，他們的心靈便合而為一了。

4. 　　沒有人會對一個單純的事實而發怒的，只要記住這一點，對你的幫助一定很大。²任何負面的情緒都是你的詮釋勾引出來的，不論你是為了某種狀似事實的現象而氣得理直氣壯。³也不論你的怒氣多強或多弱。⁴即使只是輕微的不悅，輕微得令人難以覺察。

<sup>5</sup>即使你已怒火中燒，生出了暴力的念頭，不論你只是在腦海裡遐想或具體付諸行動。<sup>6</sup>這一切都無關緊要。<sup>7</sup>所有的情緒反應全是同一回事。<sup>8</sup>它們只是企圖蒙蔽真相而已，這與你情緒的強弱無關。<sup>9</sup>真相對你若非歷歷在目，就是隱晦不明。<sup>10</sup>你不可能只認出部分的真相。<sup>11</sup>你若看不到真相，表示你已經落入幻相了。

5.　　若以瞋心來回應外界的怪力亂神，便會勾出人心最深的恐懼。<sup>2</sup>只要想一想這種反應的含意，就不難看清它在世俗思想體系中扮演了何等關鍵的角色。<sup>3</sup>怪力亂神之念本身即是為自己與上主的分裂狀態背書。<sup>4</sup>它以最直接而清晰的方式重申自己的信念：「凡是相信怪力亂神的心靈，都擁有一個與上主旨意相反的個別意願，並且相信它有『心想事成』的能力。」<sup>5</sup>這分明不是事實。<sup>6</sup>但人們顯然已把它當作事實。<sup>7</sup>它就這樣成了滋生罪咎的溫床。<sup>8</sup>於是，篡奪上主之位而自立為王的小我，如今出現了一位致命的「敵人」。<sup>9</sup>它必須赤手空拳地保護自己，為自己建立一套防衛措施，才抵擋得了上主難以撫平的義怒，以及永不饜足的天譴。

6.　　這實力懸殊的戰爭會有什麼結局？<sup>2</sup>結局已經註定，必然死路一條。<sup>3</sup>那麼還有誰敢信賴自己的防衛措施？<sup>4</sup>為此，你不能不轉身求助於怪力亂神。<sup>5</sup>你還得把這場天人之戰徹底遺忘。<sup>6</sup>先接受這個事實，然後把它忘掉。<sup>7</sup>別讓自己憶起這盤永無勝算的賭局。<sup>8</sup>也別讓自己憶起那強大得令你難以招架的「敵人」，更不要去想那個相形之下不堪一擊的自己。<sup>9</sup>接受你的分裂狀態，但無需記得它是如何形成的。<sup>10</sup>相信自己已經贏了一局，不要讓你頭號「對手」的真相在你心中留下一絲記憶。<sup>11</sup>再把你的「遺忘」投射到祂身上，讓祂也好似忘了這一回事。

7.　　然而，你此刻對所有怪力亂神的看法會作何反應？<sup>2</sup>那些念頭只會重新喚醒沉睡的罪咎，雖然你將它藏於心底，始終不願放棄。<sup>3</sup>每個罪咎都毫不留情地提醒你驚駭的心靈：「你已篡奪了上主之位，<sup>4</sup>切莫以為祂會就此罷休。」<sup>5</sup>這是對上主的恐懼最冷酷的寫照了。<sup>6</sup>因為罪咎就是靠這一念而把瘋狂推上了神的寶座。<sup>7</sup>如今，希望已經破滅。<sup>8</sup>除了置祂於死地以外，你別無出路。<sup>9</sup>這是你唯一的「得救」之道。<sup>10</sup>憤怒的父親開始向他罪孽深重的兒子討債了。<sup>11</sup>你若不痛下殺手就得坐以待斃，這是你當前的唯一選擇。<sup>12</sup>此外別無出路，因為你所做的一切已經覆水難收了。<sup>13</sup>斑斑血跡是永遠清洗不掉的，手沾血腥的你，不能不以死亡來

償命。

8. 　　就在這令人絕望的世上，上主派來了祂的一群教師。²他們從上主那兒帶來希望之光。³為人類指出一條生路。⁴這是可以學會也能傳授別人的課程，只是需要相當的耐心與充分的願心才行。⁵在這個前提下，本課程的單純性就凸顯出來了，它會化為一道耀眼的白光劃過黑暗的長夜，那是道地的光明。⁶憤怒既然來自你的詮釋，而無關於外在現象，你就再也無法憤怒得理直氣壯了。⁷你只要稍微明白這一點，一線生機就會躍然呈現於你眼前。⁸如此，你才可能踏出下一步。⁹你終於能夠改變自己的詮釋了。¹⁰從此，怪力亂神之念再也無法害你咎由自取了，因為它們已無激發罪咎的真實能力了。¹¹上主之師已能漠視它們的存在，這才是最上乘的遺忘功夫。

9. 　　發狂的心只是看起來很恐怖。²它實際上一無所能。³就像那供它使喚的怪力亂神一樣，既無打擊能力，也無保護能力。⁴你若著眼於怪力亂神而且承認它的思想體系，你就等於著眼於虛無之境。⁵虛無豈有激發憤怒的能力？⁶這是說不通的。⁷因此，上主之師，請記住這一點：憤怒眼中所看見的那些事實其實並不存在；反之，你的憤怒倒是具體證明你已把那現象弄假成真了。⁸除非你能看清自己的情緒反應只是針對你投射到外界的詮釋而發的，否則你是不可能擺脫它們的。⁹現在就放下你那把無情的劍吧。¹⁰死亡並不存在。¹¹這劍也不存在。¹²你對上主的恐懼是毫無理由的。¹³然而，祂的聖愛卻給了你超越一切恐懼的絕對理由，只有它才是永遠存在而且永遠真實的。

# 拾捌．如何修正錯誤？

1.     只有等到上主之師不再把詮釋與事實，或把幻相與真相混為一談時，才可能作出持久性的修正，而也唯有這種修正才是真實的。²他若與學生為了一個怪力亂神的說法而起爭執，且大肆抨擊，總想找出它的毛病，證明它的謬誤，這反而加重了那種說法的真實性。³這麼一來，他不會不感到沮喪的，因他不只向學生同時也向自己「證明」了，他們又多了一份擺脫某個「真實之物」的負擔。⁴這絕非事實。⁵實相永遠不會改變。⁶怪力亂神之念純屬幻相。⁷否則，救恩也會淪為跟它們一樣古老也同樣不可能實現的夢了，只是形式有所不同而已。⁸然而，救恩之夢有它獨到的新內涵。⁹它們不同之處絕不限於外在形式而已。

2.     上主之師的主要課程就是學習如何不慍不怒地去應付那些怪力亂神的看法。²他們必須透過這一形式才能向世人宣告自己的真相。³而聖靈也唯有透過他們才能道出上主之子的實相。⁴如今，祂終於能夠重申世界的清白無罪了，那是一個不曾改變、也永不改變之境，猶如上主的其他造化。⁵如今，祂能夠向開啟的耳朵宣講上主的聖言，為開啟的眼睛帶來基督的慧見。⁶如今，祂能自由地向所有的人解說心靈的真相，他們才可能欣然回歸於祂。⁷如今，在上主的眼中以及祂的聖言下，罪咎已蒙寬恕，從此一筆勾銷了。

3.     然而，憤怒依然叫囂著：「罪咎真的存在！」²當這神智不清的信念取代了上主的聖言時，真理實相就被蒙蔽了。³於是，只有肉眼能「看」，只有耳朵能「聽」。⁴身體所在的小小空間以及苟延殘喘的呼吸反倒成了衡量真實生命的標準。⁵真理顯得微不足道且了無意義。⁶針對上述觀點以及由此而生的世界，修正只會提供一個答覆：

> ⁷你只是誤把自己的詮釋當成真相而已。⁸你錯了。⁹但是錯誤並非罪惡，你的錯誤也篡奪不了真理實相的寶座。¹⁰上主永遠君臨天下，唯有祂的律法對你及世界有約束力。¹¹祂的聖愛才是唯一真實的存在。¹²恐懼只是幻覺而已，因為你其實與祂一樣。

4.　　　若要獲得療癒，上主之師首要之務就是修正自己的一切錯誤。² 只要他一意識到自己對任何人生出一絲不滿即刻覺察自己已經作了一個不實的詮釋。³ 也願他隨即轉向心內那位永恆的嚮導，讓祂來決定應當如何回應才是。⁴ 如此，他便已療癒了，而他的學生也會與他一起獲得痊癒。⁵ 上主之師的唯一責任就是自己先接受救贖。⁶ 所謂救贖，不過是修正或化解自己的種種錯誤而已。⁷ 當上主之師完成了這門功課，他就名副其實地成了奇蹟志工。⁸ 他的罪既已得到了寬恕，他便不再定自己的罪。⁹ 那麼他豈會定任何人的罪？¹⁰ 還有什麼人是他的寬恕所無法療癒的？

# 拾玖 . 何謂正義 ？

1.　　　正義乃是針對不義的一種修正。²世間所有判斷的基礎都是不公正的。³正義不只修正了那孳生不義的種種詮釋，還會將它們一筆勾消。⁴天堂裡沒有正義或不義這一回事，因那兒既無犯錯的可能，修正自然顯得毫無意義了。⁵然而，人間的寬恕所靠的就是這個正義，因爲所有的攻擊均是不義之舉。⁶聖靈對世界的判決就是要還它一個公道。⁷只有祂的審判才可能公正無私，因爲世上沒有人能夠放下所有不義的心態而作出全然公正的詮釋的。⁸上主之子若能得到公正的判決，就不需要救恩了。⁹分裂之念也就永遠成了不可思議之事。

2.　　　正義與不義一樣，只是一種詮釋而已。²然而它的詮釋能夠將人導向眞理。³它之所以有此能耐，是因爲它本身雖非眞實的存在，它的內涵卻無一處與眞理相違。⁴正義與眞相之間沒有本質上的矛盾，正義只是邁向眞相的小小一步罷了。⁵只要踏出了這一步，它就會將你領至另一方向。⁶你此行所遇到的壯麗景觀和遼闊的視野，絕不是你舉步之初預想得到的。⁷隨著腳步的前進，即使柳暗花明，日臻佳境，但與此路的盡頭，時間告終之境的奇絕景觀相比，它就相形失色了。⁸然而，千里之行始於足下。⁹這個起點就是正義。

3.　　　你對自己及弟兄的一切看法，對未來的憂懼及對過去的所有掛慮，都源自於一種不義之心。²因爲心靈先爲自己打造了一副心愛的眼鏡，戴在眼前，扭曲了一切所見，再把世上飽經扭曲的種種有形見證，帶回心靈之中。³世上的每一種觀念都是經由這種自導自演的操縱伎倆，加以分別取捨而成的。⁴人們也是透過這一分別取捨的過程，看到了「罪」的行蹤，而且証據確鑿；所有圓滿之念就此失落了。⁵在這項陰謀內，寬恕無法容身，因爲每一個「罪」永遠都會顯得眞實無比。

4.　　　何謂救恩？它即是上主的正義。²它讓你能夠在那些支離破碎的現象背後覺察圓滿的存在。³只有這一覺知才能克服死亡的恐懼。⁴因爲支離破碎之物註定會腐朽滅亡，只有圓滿的生命才能永恆不朽。⁵它永永遠遠都與自己的造物主相似，而且一體不分。⁶上主的正義就在於祂的審判。⁷上主的審判從不定人之罪，祂的

評估也純粹出於愛；是你把自己不公正的判斷投射到祂身上，把你那扭曲變形的鏡片掛在祂的眼前。⁸於是，那一看法頓時成了祂的看法，而與你無關了。⁹你開始怕祂，絲毫看不出自己又怕又恨的敵人其實是你自己的真實自性。

5.　　　祈求上主的正義來臨吧！別讓你失常的神智誤解了祂的仁慈。²知見確實有能力造出心靈想要看到的任何東西。³請記住這一點。⁴天堂或地獄就在於你這一選擇中。⁵上主的正義指向天堂之境，因爲它是徹底公正不阿的。⁶它接受人們提供的所有證物，不剔除任何一項；但它評估時，絕不會單獨針對某人而不把所有相關人物一併列入考慮的。⁷這是它審判的唯一原則與立場。⁸所有的攻擊與定罪在它面前變得毫無意義，也無法自圓其說了。⁹知見就此終結，心靈開始安靜下來，光明再度來臨。¹⁰如今，慧見終於重新現身了。¹¹曾經失落的，如今都已尋回。¹²上主的平安重新降臨整個世界，我們也看見了。¹³是的，我們都看見了。

# 貳拾. 何謂上主的平安？

1.　　福音裡曾經提過一種不屬於這個世界的平安。²究竟如何認出它來？³如何才能找到它？⁴找到之後，又如何守住它？⁵讓我們逐一思考這些問題，因為每個問題都反映出你一路上會經歷到的不同階段。

2.　　首先，怎樣認出上主的平安？²要認出上主的平安，你必須先明白一事，它與你舊有的經驗全然不同。³它帶給你心靈的將是一種前所未有的感覺。⁴與你過去的經歷毫無相通之處。⁵那是一種全新的經驗。⁶它與過去的一切還會構成一種鮮明的對比。⁷奇怪的是，這對比所凸顯的並非某種具體差異。⁸過去那一切只是悄然隱退，永恆的寧靜會前來取而代之。⁹如此而已。¹⁰先前顯示的對比性就這樣煙消雲散了。¹¹寧靜漸漸籠罩了一切。

3.　　如何才能找到這種寧靜？²你只需找出寧靜的存在條件，就會找到它的。³憤怒所在之處，上主的平安絕對無法進入，因憤怒必會抵制平安的來臨。⁴只要你還想為自己的憤怒尋找藉口，不論以什麼方式或在任何場合下，你等於公開宣告平安沒有存在的意義；那麼你必然也會相信它沒有存在的可能。⁵平安是不可能在這種心態中現身的。⁶為此，寬恕成了你找回上主平安的先決條件。⁷我們甚至可以這樣說，寬恕所在之處，平安必會來臨。⁸試問，除了攻擊以外，還有什麼因素會引起鬥爭？⁹除了平安以外，鬥爭還有什麼其他的對頭？¹⁰它們之間的對比最初會顯得格外醒目。¹¹但是，你一旦找到了平安，鬥爭就會頓失意義。¹²於是，衝突對你反而成了非常虛幻不實的事了。

4.　　找到上主的平安之後，如何才能守住它？²只要憤怒一起，不論大小輕重，你都會被罩在一簾沉重的帷幕之下，而認為平安不可能存在的信念必會復萌。³於是，鬥爭又再度被視為唯一的現實。⁴此時的你必須再次放下手中的劍，縱使你未必覺察自己早已執戈備戰了。⁵然而，只要此刻的你還依稀記得自己手中無劍時的幸福，你就會慢慢看出自己必然已經再度武裝起來保護自己了。⁶現在，不妨靜下來想一想：你真的想要衝突嗎？難道上主的平安不是更好的選擇？⁷哪一個會帶給你更大的益處？⁸可別小看了寧靜之心這份禮物。⁹你豈會不想好好地活下去而寧願選擇死亡？

5.　　　生活原是一種喜悅，只有死亡才會哭泣。²你仍指望死亡能夠幫你由自掘的墳墓中脫身。³你不敢承認：你營造出死亡只是為了給自己一個結束的幻相而已。⁴死亡不可能成為你的出路，因為它沒有生命，而所有的問題都不出在生命那裡。⁵生命沒有對立，因為它就是上主。⁶是你決定以死亡來結束生命，生命與死亡才會對立起來的。⁷寬恕世界吧！你就不難明白，上主所創造的一切，是沒有終結的；凡不是祂所造之物，都不是真實的。⁸這一句話足以說明本課程的完旨。⁹這一句适為我們的修行指出了單一方向。¹⁰這一句話道盡了聖靈整套課程的基本特質。

6.　　　何謂上主的平安？²它只是徹底明白了上主的旨意不可能有對立的存在，如此而已。³任何與祂旨意衝突的念頭，均不可能是真實的。⁴祂的旨意與你的意願之間的對立性，只不過看起來真實得很。⁵然而，真理內是沒有矛盾的，因為祂的旨意即是你的意願。⁶如今，上主將祂的偉大旨意送給了你。⁷祂無意私藏，更不願隱瞞。⁸為什麼你卻想把自己微不足道的種種幻想隱瞞著祂？⁹上主的旨意只有一個，它是唯一真實之物。¹⁰也是天賦於你的遺產。¹¹凌駕日月星辰之上的宇宙以及你可能想出來的任何念頭，也都非你莫屬。¹²上主的平安能為上主的旨意鋪路。¹³你一得到祂的平安，便會憶起祂的。

# 貳拾壹 . 語言在療癒過程中扮演什麼角色 ？

1.　　究竟說來，語言對療癒的作用微乎其微。²祈禱（或是祈求）才是促成療癒的主要動力。³你求什麼，就會得什麼。⁴這兒指的是出自肺腑的心禱，而非你喃喃自語的祈禱內容。⁵祈禱內容與祈求本身有時是矛盾的，有時則會心口一致。⁶這都不是問題。⁷反正上主聽不懂人的語言，因為語言乃是分裂的心靈為了繼續活在分裂的幻境中而造出來的。⁸然而，語言對初學者特別有用，它能幫人專注，幫他排除或至少控制住有如脫韁之馬的雜念。⁹然而，不要忘了，語言只是象徵的象徵。¹⁰因此，它離真相有雙重之隔。

2.　　語言雖然只是一種象徵，卻有相當具體的指標作用。²即使它有時顯得極其抽象，但心靈所接收到的卻可能是一幅很具體的圖像。³任何一句話若不能引發心靈具體的聯想，它便不具實質的意義，也無助於療癒的過程。⁴出自肺腑的心禱並非真的要求什麼實質東西。⁵它的要求常指向經驗層次，它之所以提出某個具體要求，是因當事人認為那東西能帶來他所渴望的經驗。⁶為此，他的話不過象徵了他祈求之物，而他祈求之物又象徵著他所渴望的經驗罷了。

3.　　祈求世俗之物，就會帶來世俗的經驗。²如果心禱祈求的是這個，就會得到這個，而且他只會接收到這個。³在祈求者的心目中，心禱是不可能落空的。⁴即使他心中祈求之事是不可能的，或根本就不存在，或是全然虛幻之物，他都會如願以償。⁵他的抉擇具有「心想事成」的能力。⁶地獄或天堂，就在這一選擇中。⁷上主之子雖然沉睡不醒，並未失去這一能力。⁸這已綽綽有餘了。⁹至於他說什麼，無關緊要。¹⁰只有上主的聖言才有意義，因為它所象徵的境界不是人間任何象徵所能望其項背的。¹¹只有聖靈了解這個聖言所代表的意義。¹²而這也綽綽有餘了。

4.　　那麼，上主之師教導他人時，是否該避而不用語言？²絕非如此！³許多人仍無聆聽「大音希聲」的能耐，他們非靠語言不能交流。⁴然而，上主之師必須學習新的遣詞用字之道。⁵他還需慢慢學習不再自行決定要說的話，而讓聖靈為他選擇適當的措辭。⁶這一學習過程正好成了〈練習手冊〉「我要退讓下來，讓祂指引

前程」的註腳。<sup>7</sup>上主之師得先接受聖靈給他的話，才能把自己領受到的分享出去。<sup>8</sup>他不再操控自己的話語的流向。<sup>9</sup>他只是聆聽，真正聽到以後才會開口發言。

5.　　　上主之師在這學習過程中最大的障礙，就是擔心自己所聽到的話是否真實可靠。<sup>2</sup>他所聽到的很可能令他驚愕不已。<sup>3</sup>或者與他心目中的問題毫不相干，那個答覆甚至讓這位老師感到尷尬或困窘。<sup>4</sup>諸如此類的評估其實不值得你一顧。<sup>5</sup>因為這些評估全出自於連他自己都棄之猶恐不及的自慚形穢心理。<sup>6</sup>切莫評判自己所接收到的話，你應滿懷信心地分享出去。<sup>7</sup>它遠比你自己想出的話有智慧多了。<sup>8</sup>上主之師所用的象徵都有上主聖言為它撐腰。<sup>9</sup>祂會親自在他們的話中賦予聖靈的大能，原本沒有什麼意義的象徵便昇華為天堂的召喚了。

# 貳拾貳．療癒與救贖有何關係？

1.　　　療癒與救贖之間不只相關，它們原是同一回事。²奇蹟之所以沒有難易之分，是因爲救贖沒有程度之別。³它是世上唯一可能存在的完整觀念，因爲它是徹底一貫的知見之源頭。⁴「片面的救贖」這一觀念毫無意義，它就像「天堂設有一個地獄特區」的說法同等的荒謬。⁵接受救贖，就等於獲得了療癒。⁶救贖即是上主聖言。⁷只要領受了祂的聖言，疾病從何而生？⁸一旦領受了祂的聖言，你等於完成了所有的奇蹟。⁹寬恕即是療癒。¹⁰上主之師已經把接受救贖當成自己的唯一任務。¹¹那麼，還有什麼是他無法治癒的？¹²還有什麼奇蹟超乎他的能力之上？

2.　　　上主之師的成長進度有快有慢，全看他是否認得出救贖無所不包的特質，是否有時還會刻意隱藏某些問題。²有的人能頓時悟出救贖的課程可以完美地套用於任何情境，但這種情形相當少見。³上主之師接納上主所賦予的使命時，未必能夠完全明瞭這一接納將會帶給他的一切。⁴只有結局，他是肯定不疑的。⁵當時機成熟時，他自會領悟出救贖無所不包的深意。⁶當前程顯得遙遙無期時，願他放心地走下去。⁷因他的方向已經確定。⁸這已綽綽有餘了。⁹只要他完成了自己的必修課程，上主豈會不玉成其餘的一切？

3.　　　上主之師若想百尺竿頭更進一步，必須了解寬恕就是療癒。²「身體可能生病」乃是小我思想體系中的一個核心觀念。³這一想法賦予了身體的獨立自主性，由心靈分裂出去，使攻擊的念頭變得天經地義。⁴身體若能生病，救贖便無法立足了。⁵因爲身體若能頤指氣使地讓心靈就範，表示它已篡奪上主的地位，證明了救恩不可能存在。⁶果眞如此，有待治癒的究竟是什麼？⁷身體已成了心靈的主人。⁸除非把身體除掉，否則心靈如何回歸聖靈？⁹然而，有誰會爲救恩付出這麼高的代價？

4.　　　無可諱言的，生病一點都不像是一種抉擇。²也不會有人眞的相信是自己故意要生病的。³在理論上，我們不難接受這一說法，一旦落實到自己以及所有人身上時，很少人能把這一看法普遍應用於所有的疾病上。⁴上主之師祈求的療癒奇蹟，並非針對這一層次。⁵他會跳過對方的身心結構，直接看見基督聖容的光輝修正

了一切錯誤，治癒了所有的知見。⁶上主之師一旦認清了需要療癒的是誰，就會帶來療癒的結果。⁷這種體認並不限於某個固定對象。⁸它的真實性同樣適用於上主的一切造化。⁹所有幻相就在這一體認中一併獲得了痊癒。

5.　　上主之師若無法療癒他人，那是因為他忘了自己的神聖自我。²於是，他人的疾病遂成了他自己的病。³他一定已經與他人的小我認同，而且把他誤認為是一具身體，才可能發生此事。⁴如此一來，表示他已拒絕了自己的救贖，再也無法因基督自性之名帶給弟兄救贖了。⁵其實他根本認不出自己的弟兄；天父從未創造過身體，因此他在弟兄身上所看到的只是一個虛假不實的生命。⁶錯誤無法修正錯誤，扭曲的知見也無療癒的能力。⁷上主之師啊！快退下來吧！⁸你已經一錯再錯。⁹不要再帶頭領路了，因你早已迷途。¹⁰盡快轉向你的聖師，接受祂的療癒吧！

6.　　救贖的效果是放諸四海皆準的。²對所有的人以及一切境遇都具有同等的實用價值。³它具有治癒所有人以及一切疾病的能力。⁴不相信這一點，等於是對上主不公，亦是對祂的不忠。⁵生病的人必然已經把自己視為一個與上主分裂的個體生命了。⁶你難道也想把他視為與你自己分裂的另一生命？⁷你的工作就是治癒那導致他生病的分裂意識。⁸你的任務就是幫他認出他對自己的一切信念毫不真實。⁹你的寬恕必須向他顯示出這一事實。¹⁰治癒其實是非常簡單的事。¹¹就是接納救贖以及與人分享救贖。¹²只要你肯接納，必會領受到的。¹³就在接納之際，你已療癒了。¹⁴其餘的一切必會隨此唯一目標而至的。

7.　　有誰限制得了上主的大能？²有誰敢說哪種人該得到哪一種療癒？又有誰敢說哪些事連上主的大能都無法寬恕？³這類想法可說是神智失常。⁴上主之師沒有資格為祂設限，因為他連判斷上主之子的資格都沒有。⁵判斷祂的聖子，就等於限制他的天父。⁶兩者都一樣的荒謬無稽。⁷然而，上主之師必須先認清兩者其實是同一個錯誤，才可能真正明白它們的荒謬之處。⁸如此，他就等於接受了救贖，因他已經撤回了自己對上主之子的判斷，接受上主創造他的本來面目。⁹他再也不會與上主對立，也不再自行判別何處需要療癒或何處時機尚未成熟。¹⁰如今，他終於能與上主一起說：「這是我的鍾愛之子，他是永恆圓滿的創造。」

# 貳拾參. 耶穌在療癒的過程中可有特殊的地位？

1. 　　很少人能直接領受上主的恩賜。²即使是最資深的上主之師，在世上也會禁不住向誘惑低頭。³如果他們的學生為此之故而錯失了療癒的機會，豈不是太不公平了？⁴新約裡常提到「因耶穌基督之名而求」。⁵這會不會演變成一種怪力亂神的訴求？⁶名字本身沒有治癒的能力，任何符咒也招不來什麼神力。⁷那麼，呼求耶穌基督之名究竟有何意義？⁸呼求他的聖名又有什麼加持力可言？⁹為什麼向他祈求會成為療癒過程的一部分？

2. 　　我們反覆說過，凡是已經親自圓滿地接受救贖的人，必有治癒世界的能力。²耶穌確實做到了。³別人還可能繼續受到誘惑，但絕非這「一位」。⁴他是復活的上主之子。⁵他克服了死亡，因為他已接受了生命。⁶他已認清了上主創造他的本來面目，因而了悟一切有情眾生都是他生命的一部分。⁷如今，他承繼了無限的能力，也就是上主的大能。⁸他的名字變成了上主的聖名，因他不再把自己視為與上主分裂的個別生命了。

3. 　　這對你有何意義？²它意味著，當你記起耶穌時，你就會憶起上主。³聖子與天父的整個關係都繫於他內。⁴他在聖子奧體中所扮演的角色，也是你的角色；他圓滿的成就乃是你成功的保證。⁵他對我們還幫得上忙嗎？⁶你得到他的答覆了麼？⁷可別忘了他的許諾；你不妨捫心自問一下，他可能對自己的許諾食言嗎？⁸上主豈會辜負聖子的期待？⁹已經與上主合一的人所言所行怎麼可能不肖似祂？¹⁰凡是超越身體的人必也超越了一切限制。¹¹這位偉大的導師豈會棄而不顧那些追隨他的門徒？

4. 　　耶穌基督之名本身只是一個象徵而已。²它代表的是超乎世界之上的愛。³你可以安心用此象徵來取代你所祈求的任何神明。⁴當他的聖名在你心中迴響之際，便成了上主聖言的耀眼象徵；這象徵如此接近聖言，幾乎到了融合無間的地步。⁵憶起耶穌基督的聖名，就等於感謝上主對你的一切恩賜。⁶這份感恩之心成了你憶起上主的途徑，因為愛是不會離開感恩之心太遠的。⁷如此，上主才會翩然來臨，因為感恩之心乃是你返回家園必備的真實條件。

5.　　　耶穌一直在前引導著你。²何以你對他毫無感恩之情？³他向你要求愛，是因爲唯有如此他才可能把愛賜給你。⁴你並不愛自己。⁵但在他的眼中，你是如此的可愛，如此完美無瑕，他能從中看到天父的肖像。⁶你成了他的天父在世的具體象徵。⁷你是他的希望，因爲他在你內看到一個完美無瑕又無限的生命。⁸基督的慧見在他眼中閃耀著永恆不滅的光芒。⁹他一直陪伴在你身邊。¹⁰你難道不想由他的經驗中學習救恩的課程？¹¹他既已爲你走過這一段旅程，你爲什麼寧可從頭學起？

6.　　　世上沒有一個人能夠眞正了解天堂的眞相，也不會明白那唯一的造物主究竟是何物。²然而，我們有許多見證。³他們都是充滿智慧的「善知識」。⁴這些先聖先賢的成就遠遠超過我們所能學到的境界。⁵我們豈能繼續教人自己那套畫地自限的經驗？⁶眞有奉獻精神的上主之師是不可能忘卻自己的弟兄的。⁷然而，他只能獻給弟兄他自己所學到的一切。⁸爲此，你需要轉向那已放下了所有限制而且超越了學習極限的「一位」。⁹他會攜你同行，因他從來不曾獨行過。¹⁰你其實一直與他在一起，正如此刻一樣。

7.　　　本課程就是出自於他，因爲他知道如何以你喜愛又熟悉的語言與你相通。²除了他以外，還有沒有其他老師用不同的象徵爲不同語言的人指點迷津？³當然有。⁴對於身陷困境的人，上主豈會不伸出援手，爲他們量身打造一位足以象徵祂的人間救主？⁵我們需要各式各樣的課程，不是因爲需要不同的內容，而是爲了因材施教，我們需要不斷改變或調整所用的象徵而已。⁶耶穌已經前來答覆你的祈求了。⁷你會在他內找到上主的答覆的。⁸現在就與他一起去教吧！他會與你同在，因爲他一直都在你身邊。

# 貳拾肆．真有輪迴這一回事嗎？

1.　　究竟說來，不可能有輪迴這一回事的。[2]既然沒有過去或未來，那麼投胎一次或者多次的說法就失去了意義。[3]因此，確切地說，輪迴不可能是真的。[4]我們最多只能這樣問：「輪迴觀對人有沒有任何益處？」[5]這當然要看你如何運用這一觀念而定。[6]如果它能加深人們對生命永恆本質的認識，當然有所幫助。[7]此外，還有什麼問法能夠照亮人心？[8]輪迴觀就像其他的信念一樣，都有被人妄用的可能。[9]這種誤用，最輕微的，會讓人陷於過去的陰影，或是以過去為榮。[10]最嚴重時，它會使人當下感到欲振乏力。[11]在這兩種極端之間，什麼愚昧的想法都可能出現。

2.　　不論在什麼情景下，輪迴都不是「此刻」所能處理的問題。[2]即使它是導致目前困境的原因，這人若想脫身，也只能在「此刻」下功夫。[3]即使他想為未來的日子打好基礎，他也只能在此刻為自己的得救而努力。[4]輪迴觀對某些人可能具有安撫的力量，只要它有鼓舞人心的作用，你就無法否定它的價值。[5]有一點是可以肯定的，不論相信或不相信輪迴，你都能找到救恩的。[6]因此，不要把這觀念視為本課程的中心思想。[7]只要是以過去的角度來看目前的問題，多少都會有些風險。[8]然而，任何觀念只要能加強「生命與身體是兩回事」的認知，對人多少也會有些益處的。

3.　　為了我們的宗旨，最好不要對輪迴觀採取某種特定立場。[2]上主之師對相信或不信輪迴的人都應有所啟發。[3]若硬要他採取某種特定的立場，反而限制了他對別人的幫助，對他本人的決定也是一種限制。[4]凡是人們尚未準備好接受的觀念（不論他先前持有何種信念），本課程通常都會輕描淡寫地帶過。[5]他的小我已經讓他應付不暇了，再用宗派之間的歧論加重他的負擔，實是不智之舉。[6]如果他因書中某種說法符合他相信已久的理念而接受本課程，這種不成熟的心態也不會帶給他什麼好處的。

4.　　本課程的目的乃是徹底扭轉人的想法，這一點，不論怎麼強調都不為過。[2]當你達到這一目標時，輪迴觀可信與否這類問題就變得毫無意義了。[3]在那之前，這類問題只會引發更多的爭議而已。[4]因此，上主之師應明智地避開所有類似的問題，畢竟，除此之外還有更多的課題有待他去「教」與「學」。[5]他有責任

去「學」與「教」人明白，這些理性爭辯只是浪費時間，白耗心力，且會偏離原定的目標。⁶任何概念或信念，只要對人有一點幫助，聖靈一定會提醒他的。⁷祂還會教他如何發揮其用。⁸此外，上主之師還需要知道什麼？

5.　　這是否意味上主之師不該相信輪迴這一回事，也不該與相信輪迴的人討論這類問題？²答案是：絕非如此！³如果他個人相信輪迴，也無需放棄這個信念，除非他內在的「聖師」勸他放下。⁴這種情形極其少見。⁵他的「聖師」只會提醒他，他可能已誤用了這一信念，而妨礙了學生或自己的成長。⁶必要時，他會建議上主之師重新詮釋。⁷總之，他只需把握住一點，即是：誕生不是生命的起點，死亡也非它的終點。⁸不過對初學者而言，連這一點都不必強求。⁹他只需要接受一個觀點，就是：他所知道的並非所有的真相，他還有許多待學之處。¹⁰如此，他的旅程便開始了。

6.　　本課程的重點自始至終都不曾變過，即是：圓滿的救恩已在這一刻賜給了你，你也能在這一刻接納救恩。²這才是你的唯一責任。³你也可以把「救贖」理解為「完全不受過去的羈絆，毫不在意自己的未來」。⁴天堂就在此地。⁵此外沒有其他地方。⁶天堂就在當下。⁷此外沒有其他時間。⁸凡是與此目標無關的教導，上主之師一概沒有興趣。⁹任何信念，只要你能賦予適當的詮釋，都能將人帶向這一目標。¹⁰為此，我們可以這樣說，任何理念真實與否，全憑它對人有無益處而定。¹¹只要是能夠助人成長的信念，都值得我們尊重。¹²這是本課程的唯一評定標準。¹³這一標準對你也就夠用了。

# 貳拾伍 . 「通靈能力」值得追求嗎？

1.　　　這問題的答覆與前一個問題極其相似。²根本沒有所謂的「超自然力」這一回事，那顯然是追求怪力亂神者憑空造出的一種能力。³無可否認的，每個人都藏有許多自己尚未發掘的能力。⁴隨著覺知力之增長，他很可能發展出某種令自己驚訝的能力來。⁵然而，不論什麼特異功能，與他憶起自己真相時的榮耀與驚喜相比，簡直不堪一提。⁶願他所有的修持功夫都以最終的「大驚喜」為目標，不再滿足於路邊小小的禮物而耽擱了前程。

2.　　　當然也有不少「通靈」能力與本課程的精神是相符的。²天人交流本來就不限於這個世界所懂的狹隘管道。³否則，傳播救恩便成了徒勞而無功之事。⁴因為那些管道根本不可能傳播救恩的訊息。⁵世界對天人交流所設的限制，正是讓人經驗不到聖靈的基本障礙；祂的「臨在」從未缺席過，只要有心聆聽，必能聽見祂的天音。⁶這些限制都是出自恐懼之心，一旦被撤除了，把世界分隔得支離破碎的圍牆便會應聖靈之聲而坍塌下來。⁷任何人不論以什麼方式超越這些限制，他只是變得更自然而已。⁸他並未做出任何特殊的事情，他的成就亦毫無神奇之處。

3.　　　上主之師在學習過程中所練出的看似新穎的本領，可能非常有用。²只要他能獻給聖靈，且遵照祂的指示而用，它們都會成為相當重要的教學工具。³就這一點來說，這些能力是從哪兒來的，一點都不重要。⁴唯一重要的是如何加以善用。⁵若把這些能力本身當成一種目的，不論他怎麼用，都會妨礙了自己的成長。⁶那些本領並不能為他證明什麼，它不會證明這人「過去」有何成就，也無法證明他對「未來」有特殊感應能力，更不能證明這人擁有上主的「特恩」。⁷上主是不施小惠的，沒有一種能力不是人人具有的。⁸只有透過怪力亂神的伎倆，它們才「顯」得像是一種特異功能。

4.　　　沒有人會用道地的真貨去騙人的。²聖靈不可能騙人，因祂只可能使用道地而真實的能力。³怪力亂神的把戲對祂一無所用。⁴祂的能力也不可能轉為怪力亂神的。⁵然而，不尋常的能力確實具有某種特別誘人的魅力。⁶聖靈也需要藉助這些力量。⁷小我卻把這類力量當成自我炫耀的機會。⁸於是，力量反而轉為他的弱

點,這是何等的不幸!9任何能力若不交託給聖靈,就會變成他的致命傷;因為凡是不願臣服於愛的,就會臣服於恐懼,必會招來可怕的後遺症。

5.　　　即使是已經捨棄世間物質需求之人,仍然可能被「通靈」能力蒙蔽。2小我的焦點若不投注於物質世界的價值,它的存在便岌岌可危了。3然而,它還可能藏身於「通靈」這類新的誘惑下重整旗鼓,收復失土。4很少人能夠識破他自己小我的自衛伎倆,即使它大剌剌地擺在眼前。5只要他心裡還有一點自欺的傾向,就很容易上小我的當。6於是,那「能力」不再那麼道地或真實了,它的用途也不再那麼可靠。7除非當事人能徹底改變他通靈的目的,否則,那只會加深他的蒙蔽,使那種「特異功能」變得更加吉凶難卜;這是不難想見的結果。

6.　　　每個人所發展出來的每一種能力,都有為善的潛能。2這一點絕無例外。3能力愈不尋常、愈超乎人的預期,它助人的潛力愈大。4救恩需要藉助所有的能力,才能幫助聖靈重建世界企圖毀滅的東西。5人們過去習慣用「通靈」與邪魔相通,那只會助長小我的勢力。6然而,它也可能為聖靈所用,充當傳遞希望與療癒的偉大工具。7那些發展出某種「通靈」能力的人,只不過是撤去了他們為自己的心靈所設定的一些限制罷了。8他們一旦濫用這日益自由的力量,去束縛其他人的心靈,就會為自己招來更深的限制與束縛。9聖靈需要這類禮物,凡是能將它完全獻給聖靈而不為一己所用的人,心中必會充滿基督的感恩,那麼基督慧眼中的聖境也就近在咫尺了。

# 貳拾陸 . 我們能夠與上主直接相通嗎？

1.　　　我們確實能夠與上主直接相通的，因爲祂與聖子之間原本就沒有任何隔閡。²祂的覺知存於每個人的記憶裡，祂的聖言銘刻在每個人的心上。³然而，需先清除眞理道上的所有障礙，祂的覺知及記憶才可能進入我們的認知領域。⁴歷來有多少人已經悟入此境了？⁵這就涉及了上主之師的角色。⁶雖然他們的了悟程度尚未達到那一境界，但他們已經開始與弟兄結合了。⁷僅憑這一點便足以使他們在世界中脫穎而出。⁸他們也是靠這一點才能帶領弟兄一起擺脫世界的束縛。⁹僅憑自己，他們發生不了任何作用。¹⁰一旦與弟兄結合，上主的大能便已來到他們之中。

2.　　　已經能與上主直接相通的人，會圓滿地憶起自己的終極身分，再也不受世間的種種限制所束縛了。²他們可說是「眾師之聖師」；雖然他們已無形體可見，我們仍能向他們的形象求助。³他們會在對眾生最有益的時刻及場合中出現。⁴如果以形現身可能會引起驚嚇不安，他們就會透過心念傳遞訊息。⁵任何人向他們祈求，都不會落空的。⁶他們不會忽略任何一人的需求。⁷他們深知人類所有的需要，也看得見他們所犯的一切錯誤，但他們卻能視而不見。⁸上主之師遲早會了解其中道理的。⁹在這之前，只要上主之師向他們求助，而且唯獨向他們的聖名呼求，他們必會傾囊相授，毫不保留。

3.　　　上主之師偶爾也會有與上主直接契合的短暫經驗。²這種經驗在世上幾乎都難以持久。³也許有人奉獻了畢生精力之後，有幸榮獲這一經驗，而且還能在世上持續相當長的一段時間。⁴不過，這種案例少之又少，可別把它當成一個可行的目標。⁵如果眞的發生了，就隨緣吧！⁶如果沒有發生，也一樣隨緣。⁷世界上的任何境界，都是虛幻的。⁸一個人如果能直接且持久地與上主相通，他的肉體生命必然難以維繫下去。⁹只有極少數的聖賢，爲了普度眾生而捨下自己的身體。¹⁰爲此，他們需要藉助於一群仍在束縛與昏睡中的人，因著這群助手本身的覺醒過程，使得上主天音傳揚於世。

4.　　　因此，不要爲生活中的種種束縛而感到沮喪。²你的任務乃是擺脫束縛，而不是逃避束縛。³你必須使用人們能懂的語言，

受苦的人才會聽到你的聲音。[4]但你必須先搞清楚究竟是什麼有待解脫，才堪當人間的救主。[5]救恩不是一套理論。[6]你得先看準了問題，再祈求答覆，那麼當它來臨時，你才領受得到。[7]答覆必會如期而至的。[8]只要你準備好接受救助，你必會得到，你的每個需求都會如願以償的。[9]因此，不要為你尚未修到的境界操心。[10]上主完全接受你當前的程度，祂會在這兒向你伸出歡迎的手臂。[11]除了這個，你還需要什麼？你還能指望什麼？

# 貳拾柒．何謂死亡？

1.　　世間的一切幻相，都是出自死亡這個核心夢境。²把生老病死視爲生命的過程，這種觀點不是很瘋狂嗎？³我們以前探討過這個問題，現在不妨再深入一下。⁴萬物的出生，只是爲了死亡，這是世界牢不可破而且一成不變的信念。⁵它被視爲「自然的運作法則」，不容質疑，人們只能接受它爲生命的「自然律」。⁶那種循環、變遷、不定、不可靠、不穩固，循著某種軌跡而盈虧盛衰的過程，都被視爲上主的旨意。⁷沒有人敢質問，宅心仁厚的造物主怎麼可能有這類旨意？

2.　　如果把這樣一個宇宙看成是上主的創造，這樣的造物主絕對不可能是慈悲的。²有誰會不對這個終將摧毀一切且讓萬物在失意與絕望中化爲塵土的造物主敬而遠之？³你的小命繫在他的手裡，他隨時（也許就在今天）都可能毫不留情地捻斷這一條維繫你生命的懸絲。⁴也許他會判你緩刑，但你終究在劫難逃。⁵誰會去愛這種不知慈悲爲何物的神明？因爲他徹底否定了生命的眞實性。⁶於是，死亡搖身一變，成了生命的象徵。⁷他一手打造出來的世界如今轉爲一個戰場，充斥著衝突與對立，以致烽火不斷。⁸凡是死亡所到之處，平安便無立足之地了。

3.　　死亡象徵著「上主可畏」。²這個觀念一筆抹殺了上主的愛，人們再也意識不到愛的存在，死亡之念好似擋在太陽前的一塊遮陽板。³這個象徵的猙獰面目顯然無法與上主並存。⁴它給人的印象就是：上主之子最後必會「安息」於荒土之下，地下的蟲蟻迫不及待地前來問候，不費多時就屍骨無存了。⁵最後連蟲蟻也難逃毀滅的定數。⁶一切有情眾生都是如此地爲死亡而活。⁷一物吞噬一物的食物鏈成了自然界的「生命法則」。⁸這種神明實在瘋狂愚昧至極，如今只有恐懼顯得眞實無比。

4.　　相信可朽之物中有一部分可能逃脫死亡的命運而倖存，這種怪異的信念未必承認一個慈愛的上主，也不會爲人重建對神的信心的。²如果死亡有一點眞實的話，生命就不可能存在。³因爲死亡否定了生命。⁴然而，生命若有一點眞實的話，死亡就被否定掉了。⁵兩者毫無妥協並存的可能。⁶不是可怕的神明，就是慈愛的上主。⁷這世界試過上千種方法企圖讓兩者並存，將來還會繼

續如法炮製。⁸但上主的教師絕對不會接受任何一種妥協的觀點，因為上主是不接受任何妥協的。⁹祂從未創造死亡，因為祂不會創造恐懼。¹⁰對祂而言，兩者都是同樣的無意義。

5.　　死亡的「真實性」深深紮根於「上主之子是一具身體」的信念中。²如果上主真的創造了身體，死亡必然變得真實無比。³而上主便不可能是慈愛之神了。⁴真實世界與幻相世界兩種知見之間的對比，在這一點上顯示得再清楚不過了。⁵如果上主是愛，死亡無異於宣告了「上主已死」。⁶如今，祂的造化在祂面前只能戰慄不已。⁷祂不再是天父，而是毀滅者。⁸祂不再是造物主，而是復仇者。⁹祂的聖念變得多麼恐怖，祂的形相多麼可怕。¹⁰一旦望見祂的真實造化，我們必死無疑。

6.　　新約有這麼一句話：「最後有待克服的大敵即是死亡。」²說得一點都不錯！³死亡的觀念一去，世界便消失了。⁴所有的夢境也會跟著這個夢一併結束。⁵終結一切幻相，乃是救恩的最終目標。⁶而所有的幻相都是出自死亡。⁷出自死亡之物，怎麼可能會有生命？⁸出自上主的生命，又怎麼可能死亡？⁹世界一邊守著死亡，一邊又認為愛是真實的，於是，人間所有的矛盾、妥協以及宗教法術由此而生。它們全屬於「失心」（mindless）的怪力亂神之念，既無作用也無意義。¹⁰上主永恆如是，祂所創造的生命必然也是永恆的。¹¹你難道還看不出，若非如此，表示祂有一個相反的勢力存在，那麼恐懼就會變得像愛一般真實？

7.　　上主之師，你的唯一任務可以歸結為一句話：不要接受任何帶有死亡陰影的妥協觀念。²不要相信任何殘酷的東西，也不要讓攻擊蒙蔽了你的真相。³凡是看來會死之物，必然出自妄見而且陷入了幻境。⁴如今，你的工作就是把幻相帶到真相內。⁵只有在這一件事上，你應該站穩你的腳步，不要被任何變化無常的「現實」蒙蔽。⁶真相不會來來去去，搖擺不定，更不會消融於死亡之下。⁷如何才能結束死亡？⁸結束死亡之道即是：了悟上主之子不僅現在清白無罪，而且永遠如此。⁹僅此而已。¹⁰但可別對這「僅此」掉以輕心，它是絕不可少的一環。

# 貳拾捌 . 何謂復活 ？

1.　　　簡單地說，復活就是克服或超越死亡。²是再度覺醒，或是重生，它顯示出心靈已經改變了它對世界的看法。³復活就是接受聖靈對世界存在之目的所作的詮釋，它等於是親自接受了救贖。⁴它結束了苦難之夢，欣然覺醒於聖靈的最後一夢。⁵它認出了上主的種種恩賜。⁶然而，這仍屬於夢境的範圍，只是在此夢中，身體已能完美地執行它唯一的交流任務了。⁷復活結束了整個有修有學的階段，因爲這一課等於宣告有修階段已經圓滿而且可以功成身退了。⁸復活無異於邀請上主邁出祂最後的一步。⁹它一舉撤銷了所有其他的人生目的、其他的意向、其他的願望以及所有的操心顧慮。¹⁰它是上主之子對天父的唯一渴望。

2.　　　復活等於否定死亡，肯定生命。²世界整個思維體系從此徹底扭轉過來了。³如今生命被奉爲救恩，所有的苦難都被視爲地獄。⁴愛不再使人望之卻步，反而欣然相迎。⁵偶像也會銷聲匿跡，上主的記憶終於暢行無阻地遍照於世界的每一角落。⁶一切有情生命也都反映出了基督的聖容，沒有一物會困守於黑暗而無緣親炙於寬恕的光明。⁷世上再也看不到哀傷。⁸因爲天堂的喜樂已經降臨人間。

3.　　　課程到此結束了。²從此以後，你無需任何指示。³你的眼界已經徹底修正，所有的錯誤也都化解了。⁴攻擊成了無聊之舉，平安已經來臨。⁵本課程的目標到此功德圓滿。⁶所有的心念都已遠離地獄而回歸天堂。⁷所有的渴望也都得到了滿全，你還會有什麼遺憾？⁸最後的這個幻相可說是無遠弗屆，它寬恕了整個世界，取代了一切攻擊。⁹世界終於脫胎換骨了。¹⁰再也沒有任何東西會與上主的聖言對立。¹¹也沒有一物能與眞理分庭抗禮。¹²如今，眞理終於得以降臨人間。¹³它一得到你的邀請，便會迫不及待地前來擁抱這個世界。

4.　　　一切有情眾生都在雀躍的期待中平靜下來，因爲永恆的時辰已經臨近了。²死亡不復存在。³上主之子終於自由了。⁴恐懼就在他的自由裡徹底結束了。⁵如今大地再也沒有任何隱秘的死角來庇護病態的幻相、恐懼的夢境以及錯誤的宇宙觀。⁶萬物會重現於光明之中，經由光明的轉化，它們明白了自己存在的目的。

7身為上主兒女的我們，終於由凡塵脫穎而出，親眼看到了自己的完美無罪。8天堂之頌遍傳世界，世界已被舉揚到眞理之境了。

5.　　　如今，世間的「分別相」已不復存在。2差異性一旦消失，上主之愛一眼照見了自己的眞相。3此外，我們還想看到什麼景象？4這慧見豈會留下任何未竟之功？5我們已經目睹了基督的聖容、祂的無罪本質，也看到了那藏身於所有形相之後而且超越一切目的之上的聖愛。6我們何其神聖！因爲我們就是靠祂的神聖本質而重獲自由的。7我們接納了祂的神聖生命，那本來就非我們莫屬。8我們永永遠遠都是上主所創造的模樣；我們只有一個願望，就是祂的旨意。9代表其他意願的幻相從此一逝不返，因爲你的人生目標終於統一了。

6.　　　這一切都在等著我們所有的人，然而，我們尚未準備妥當，無法欣然迎接它們的來臨。2只要還有一顆心靈困在邪惡的夢裡，地獄的觀念就會顯得眞實無比。3爲此，上主之師會以喚醒沉睡的心靈爲己任，並在他們的夢境裡代他們去看基督的聖容。4他們會以祝福來取代謀害之念。5他們放下了自己的判斷，交託給眞正負有判斷天職的「那一位」。6上主的聖子會在祂最後的審判中找回自己的眞相。7他已得救了，因爲他已聽到了上主的聖言，而且明白其中的深意。8他已自由了，因爲他已接受上主的天音所宣告的眞理。9他以前企圖置之死地的人，如今與他一起復活了，他們並肩而立，準備好一起觀見他的上主。

# 貳拾玖．未盡之言…

1.　　〈教師指南〉無意答覆奇蹟師生們可能提出的所有問題。²事實上，它只能針對少數幾個常見的問題，簡要地點出〈正文〉及〈學員練習手冊〉幾個重要概念。³它只是一種補充，無法取代前兩部課程。⁴本文雖然名爲〈教師指南〉，你必須記住，師生的分別只是「聞道有先後」而已，因此從時間的角度來講，他們的不同只是暫時性的。⁵有些學生可能先讀這部〈指南〉獲益較大。⁶有些學生可能比較適合由〈練習手冊〉下手。⁷又有些學生可能需要由比較抽象的〈正文〉開始。

2.　　哪一部課程適合哪一類人？²哪些人只讀禱詞就能獲益良多？³哪些人也許還消化不了太多理念，只需要一個微笑就夠了？⁴我們不該妄自答覆這類問題。⁵上主之師走到這一步，不會不了解其中道理的。⁶這部課程非常注重因材施教，每一部都有聖靈的特別用意及指示。⁷向祂請教吧！祂必會答覆你的。⁸這是祂的責任，也只有祂能爲你負責。⁹這也是祂的任務。¹⁰而你的任務則是把問題轉交給祂。¹¹你難道還想逞強，爲自己不甚了解的種種決定負責？¹²你應慶幸自己有這樣一位不可能犯錯的聖師。¹³祂的答覆永遠都是對的。¹⁴你能爲自己的答覆作同樣的保證嗎？

3.　　你若愈常把決定權轉讓給聖靈，對你愈有利，而且是相當重要的利益。²你也許從未想過這一點，然而，它的關鍵性不容輕忽。³遵循聖靈的指示，能夠幫你消除自己的罪咎。⁴這是救贖的眞諦。⁵也是本課程的核心。⁶你想像自己已經篡奪了原本不屬於你的任務，這是恐懼的基本原因。⁷反映在你眼前的整個世界都是證明「你確實幹了此事」的幻相，你不可能不心懷恐懼的。⁸因此，把決定的任務交還給本來就非祂莫屬的「那一位」，你才可能由恐懼中脫身。⁹如此，你等於是讓愛的記憶重歸自己的心靈。¹⁰因此，切莫認爲你必須遵照聖靈的指示是因爲自己的不才或無能。¹¹其實它是帶領你出離地獄的善巧方便。

4.　　在此，我們再次看到本課程的弔詭說法。²你只要能夠說出「光憑自己，我一無所能」，你就能獲得一切能力。³然而，這句話的弔詭性只限於文字表面。⁴上主創造的你本來就擁有一切能力。⁵你營造出來的自我形象才毫無力量。⁶聖靈深知你的眞相。⁷但你

所營造的形象卻一無所知。⁸然而，不論它多麼顯然地徹底無知，卻喜歡假裝自己無所不知，因為是你賦予了它這一信念。⁹你不只為它以身作則，世上所有的學說都在為這一信念撐腰。¹⁰但那位「聖師」深知一切，祂不會忘記真相的。¹¹祂的決定必會利益一切眾生，絲毫沒有一點攻擊的意味。¹²因此也不會勾起任何人的罪咎感。

5.　　凡是企圖行使自己不曾擁有的能力之人，無異於自我欺騙。²然而，願意接受上主所賜能力之人，等於公開承認自己的造物主，接受了祂的禮物。³上主的禮物是無所不能的。⁴請聖靈為你作決定，不過表示你願收下自己的合法遺產罷了。⁵這是否表示，你若未徵詢祂的意見就不該說任何話了？⁶絕非如此！⁷那樣就太不實際了，本課程最重視的就是可行性。⁸只要你能培養出「凡事問，隨時問」的習慣，你便可放心，智慧必會在你需要之刻降臨的。⁹每天早上都這樣準備自己，整天之中盡可能地憶起上主；只要環境許可，隨時祈求聖靈的協助，睡前也記得感謝祂的指引。¹⁰你就會愈來愈篤定而且充滿了信心。

6.　　不要忘了，聖靈所憑據的不是你的話。²祂明白你內心的呼求，且會答覆你的。³這是否表示，當你內心起了攻擊的衝動時，聖靈也會以惡念來回應你？⁴絕不會的！⁵因為上主賦予了祂一種能力，會將你的心禱轉譯成祂的語言。⁶祂了解攻擊只是求助的呼籲。⁷祂會依此信號而伸出援手。⁸上主若讓你的話來取代祂的聖言，那實在太殘忍了。⁹慈愛的父親豈會讓孩子傷害自己，眼看著他自毀前程？¹⁰縱然他是咎由自取，他的父親仍會設法保護他的。¹¹你的天父對聖子之愛遠甚於人間的父親。

7.　　請記住，你是祂的圓滿及祂的至愛。²請記住，你的軟弱即是祂的力量。³不要對這一句話掉以輕心或解讀錯誤了。⁴祂的力量既在你內，那麼你自認為的軟弱必然只是一個幻覺而已。⁵祂還會給你種種機會證實這一點。⁶向你的聖師祈求吧！不論你求什麼，祂都會賜給你的。⁷不必等到遙遠的未來，你此刻就會收到祂的禮物。⁸上主從不等待，因為等待意味著時間的存在，而祂超越時間之上。⁹忘掉你那些愚昧的自我形象、你的脆弱無能、害怕受傷以及危機重重的夢境，還有你蓄意犯下的「惡行」。¹⁰上主深知自己的聖子，他永遠都是上主所創造的他。¹¹因此，我滿懷信心地將你交託到祂手裡，並且為這一切而代你感謝天恩。

8. 如今，願你的所言所行蒙受上主的祝福，
　<sup>2</sup>為拯救世界之故，祂轉身向你求助。
　<sup>3</sup>上主之師，祂由衷地向你致謝，
　全世界都沉浸於你由祂那兒帶回的恩典。
　<sup>4</sup>你是祂的鍾愛之子，
　為祂所用，成了你的天命，
　上主的天音，經由你的善巧而遍傳寰宇；
　時空的世界，到此告終，
　有形可見的一切，在此結束，
　無常的萬物，徹底化解歸無。
　<sup>5</sup>你帶來了一個新世界，
　眼所未見，耳所未聞，
　卻是無比的真實。
　<sup>6</sup>你是何等的神聖！
　世界藉著你的光明，反映出你的神聖光彩；
　你從不孤獨，在此也不乏弟兄。
　<sup>7</sup>我為你而感謝天恩，
　也願與你共襄盛舉，
　為了上主之故。
　因我知道，
　那也是為了我自己，
　以及所有與我一同邁向上主的弟兄。

<sup>8</sup>阿們

# 詞彙解析

# 導 言

1.　　　這不是訓練哲學思考的課程，故不重視遣詞用字的精確性。
² 它唯一關切的只是救贖，也就是修正知見的過程。³ 救贖的途
徑即是寬恕。⁴ 它與「個人意識」的結構問題毫不相干，因為「
個人意識」所呈現的不過是「原始無明」或是「原罪」的觀念。
⁵ 如果你真想修出「罔顧錯誤」的功夫的話，應知研究錯誤本身
不足以帶來修正。⁶ 而本課程所致力的正是「罔顧錯誤」的過程。

2.　　　所有的詞彙都有引發爭議的可能，喜歡爭議的人，不難找到
藉口。² 而有意澄清自己觀念的人，也會如願以償的。³ 然而，
他們必須心甘情願地罔顧那些爭議，明白那只是一種抵制真理的
反應、存心拖延的伎倆而已。⁴ 神學性的思考勢必引發爭議，因
為它們是建立於個人信念之上，你若不接受就等於反對它。⁵ 人
間不可能有放諸四海皆準的神學理論的；然而，放諸四海皆準的
經驗不只是可能，而且是必須的。⁶ 本課程的目標就是指向這一
經驗。⁷ 唯有這種經驗才具備了一以貫之的特質，也唯有這種經
驗能夠了結人生所有的不定感。

3.　　　本課程完全是針對小我的思想架構而寫成的，因為只有小我
需要這一課程。² 它所致力的目標並非超越一切錯誤之上的境界，
整部《課程》的設計僅僅是為那境界鋪路而已。³ 因此，它使用
文字，而文字只有象徵的功能，無法傳達超越象徵之上的境界。
⁴ 只有小我才會提出一堆問題，因為只有小我才有一堆疑惑。⁵ 問
題既然提出了，本課程只是提供另一種答覆而已。⁶ 然而，我們
的答覆無意標新立異或巧言惑人。⁷ 這些都屬於小我的特質。⁸ **本
課程十分簡單。**⁹ 它只有一個任務及一個目標。¹⁰ 為此，它才能
徹底保持一貫性，因為只有如此它才能一以貫之。

4.　　　小我勢必會提出各式各樣的問題，本課程卻無意作答。² 因
為小我看不出自己只是假冒問題的形式，提出一個不可能有答案
的問題而已。³ 小我會問，「這不可能的事怎麼發生的？」「這
不可能的事又產生了什麼後果？」它以各種形式提出類似的問
題。⁴ 這是無法作答的，只能靠體驗。⁵ 把你的精力放在體驗上
吧！不要再被神學思考耽誤了。

5.　　　你也不難看出，本課程只在開始的時候簡要地提了一下結構性的問題。[2] 我們很快就跳過去而進入了中心主題。[3] 既然你要求我澄清一些觀念，就讓我們討論一下本課程所用的詞彙吧！

# 壹. 心——靈

1.　　心靈（mind，或簡稱為心）這一詞，代表著靈性的運作主體，心靈為靈性提供了創造力。²當這個名詞用於上主或基督身上時，會以大寫來顯示，如「上主之心」（簡稱為天心），或「基督之心」（簡稱為基督心）。³靈性（spirit）指的是上主的聖念，是上主按自己的肖像而造出來的。⁴合一無間的靈性，即是上主的唯一聖子，又稱為基督。

2.　　因著心靈的分裂，上主兒女在世上活得好似獨立的個體。²連他們的心靈也顯不出任何相通之處。³只因幻境中人特別熱中於「個人心識」這類概念。⁴本課程才會把心靈描繪成了好像真有「靈性」與「小我」兩部分似的。

3.　　靈性那一部分，經由聖靈，仍然與上主聲息相通；聖靈雖然只存於這一部分，但仍看得見另一部分。²除了直接引用《聖經》時，我盡量避免使用「靈魂」（soul）一詞，因為這個詞的用法眾說紛紜。³然而，你若了解靈魂是不生不滅的存在，屬於上主那一層次，那麼，你也可以把靈魂當成「靈性」的同義詞。

4.　　心靈內還有一部分則是徹底的虛幻，只會製造幻相。²靈性才具有創造的潛能，但在心靈尚未統一以前，它雖代表了上主的旨意，卻好似壯志難伸。³然而，上主的造化依舊生生不已，絲毫不受干擾，因為那是上主的旨意。⁴這個旨意始終是統一的，因此它對世界反倒顯不出太大的意義。⁵因為它既無對立，也沒有程度之分。

5.　　心靈能夠是正確的，也能夠是錯誤的，全憑它聆聽誰的聲音而定。²正見心境（right-mindedness）聆聽的是聖靈之音，它寬恕了世界，能以基督的慧眼在滾滾紅塵下認出真實世界。³這是至高的慧見，也是最後一個知見；唯有具足這一條件，上主才能跨出祂最後的一步。⁴於是，時間與幻相到此便一併結束了。

6.　　妄見心境（wrong-mindedness）聆聽小我的聲音，它會營造出種種幻相，著眼於有罪之物，為憤怒找藉口，把內咎、疾病以及死亡都視為真實。²這個世界與「真實世界」兩者都屬於幻境，因為正見之心不過是罔顧或寬恕那些從未真正發生過的事情而已。

³因此，它並不是基督之心那種一體心境（one-mindedness），基督與上主共具同一個旨意。

7.　　　在這世界上，只剩下一種自由，就是抉擇的自由，而且始終介乎兩種選擇或兩種聲音之間。²意志或意願（will）不屬於知見（perception）的層次，也與抉擇無關。³人的意識（consciousness）只是一種接收器，它不是由上就是由下，或者說由聖靈或是小我那兒接收訊息。⁴意識具有不同的層次，人的覺知力（awareness）也會瞬息變化，然而不論它怎麼變，都無法超越知見的範圍。⁵覺知力只要加以訓練，達到巔峰狀態時，便能覺於「真實世界」。⁶正因意識有不同的層次，故能加以逐步訓練，這一點也證明了意識是無法契入真知領域的。

# 貳. 小我 ── 奇蹟

1.　　幻相是不會持久的。²死亡是它們的必然結局，幻相世界裡只有這一點最爲肯定。³爲此，它必屬於小我的世界。⁴小我是什麼？⁵它是你對自己的眞相所作的那個夢罷了。⁶它是你認定自己與造物主分離的那一念，它是你想要成爲非他所造的模樣那個願望而已。⁷這東西瘋狂得很，毫不眞實。⁸它只是無名之物浪得的虛名罷了。⁹它象徵著不可能的存在、沒有選擇的選擇。¹⁰我們賦予它一個名字，只是爲了幫助我們了解它代表的只是「認爲自己所造的一切都是不朽的」那古老的想法而已。¹¹這種念頭只可能衍生爲一場夢境，而所有的夢境最後都會在死亡中結束。

2.　　小我是什麼？²就是虛無，外表上卻顯得眞有那麼一回事似地。³在形相世界裡，你很難否定小我，因爲只有它顯得最爲眞實。⁴然而，上主所創造的聖子豈會棲身於這種形相或是虛有其表的世界？⁵若有人要求你界定小我，還要你解釋它是怎麼形成的，這人必然已經認定小我是眞實的，他想透過界定的方式，把小我的虛幻本質隱匿在那好似言之成理的文字解說後面。

3.　　沒有一個謊言能夠透過界定的途徑而弄假成眞。²也沒有一個謊言蒙蔽得了眞理。³小我的不實性不是靠文字解說就能否定得了的，它的存在不會因爲虛有其表而顯出了意義。⁴有誰能爲無法界定之物下定義？⁵雖說如此，我們仍有一個解決方案。

4.　　即使我們無法眞正爲小我的本質下定義，但我們仍能說出「它不是什麼」。²我們不難把這一點看得一清二楚。³我們也是由此歸納出小我的本質的。⁴只要你敢正視與小我相反的那一面，你就會看見那唯一有意義的答案了。

5.　　只要是與小我相反的，不論是從它的起因、作用或後果來看，都可視爲奇蹟。²我們會在奇蹟中找到世間不屬於小我的一切。³只有從小我的反面，我們才能看出小我的盧山眞面目，看穿小我表面做出的一切以及它的因因果果，其實都是同一回事。

6.　　在以往的黑暗之境，我們如今看到了光明。²小我是什麼？³就是那片黑暗。⁴小我在何處？⁵就在先前黑暗藏身之處。⁶它如今又成什麼？何處才能找到它？⁷它什麼也不是，也無跡可尋。

<sup>8</sup>如今光明已經來臨，黑暗已經消失得無蹤無影。<sup>9</sup>先前邪惡藏身之處，如今成了聖地。<sup>10</sup>小我是什麼？<sup>11</sup>就是那邪惡本身。<sup>12</sup>小我在何處？<sup>13</sup>就在邪惡的夢裡，它只會在你夢裡顯得真實無比。<sup>14</sup>過去十字架所在之處，如今立著上主之子。<sup>15</sup>小我是什麼？<sup>16</sup>還有誰會追究？<sup>17</sup>小我在何處？<sup>18</sup>如今，還有誰想追逐這個幻相？因為夢境已經結束了。

7.　　　奇蹟是什麼？<sup>2</sup>也是一個夢而已。<sup>3</sup>然而，只要你全面正視一下這個夢，你就會疑慮頓消。<sup>4</sup>踏著溫柔的腳步走入展現於你眼前的愛的世界吧！<sup>5</sup>好好地端詳一下這一路上幫助你的人，並為天堂的肯定性以及平安的必然性而歡欣雀躍。<sup>6</sup>你也不妨臨別一瞥身後的世界，你總算能夠義無反顧地離它而去了。

8.　　　小我是什麼？它不外乎：冷酷的仇恨，報復的欲望，痛苦的吶喊，死亡的恐懼，殺人的衝動，舉目無親的幻相，一身孑然地活於天地間的自我。<sup>2</sup>然而，奇蹟溫柔地修正了你對自己所懷的可怕誤解，它好似慈母為愛子吟唱的一首搖籃曲。<sup>3</sup>這不正是你想要聽到的歌聲嗎？<sup>4</sup>這不正答覆了你想問的一切問題嗎？這一答覆會使問題本身顯得荒誕無稽。

9.　　　你的問題是沒有答案的，因那只是你為了掩蓋上主天音而發的噪音；而天音對每一個人只會提出一個問題：「你已準備好幫我拯救世界了嗎？」<sup>2</sup>要問就問這個，不要再去問小我究竟是怎麼一回事了。你會在小我營造的世界突然看見一片光明籠罩其上。<sup>3</sup>如今，奇蹟毫不保留地呈現在每個人面前。<sup>4</sup>世界便由你先前認定的妄見中解脫了。<sup>5</sup>如今，它的真相大白，不帶一絲罪罰的陰影，徹底純潔無染。

10.　　　奇蹟寬恕人；小我詛咒人。<sup>2</sup>除此之外，它們不需要任何定義了。<sup>3</sup>沒有一個定義能比這個更確然，或是更接近救恩的內涵了。<sup>4</sup>問題與答案都在這裡，兩者終於碰頭了，你的選擇也顯而易見。<sup>5</sup>有誰認出地獄的真相後還會選擇地獄？<sup>6</sup>只要讓他明白，餘程不遠，天堂已在望，誰還會在此流連而踟躕不前？

# 參 . 寬恕 —— 基督聖容

1. 　　寬恕是爲了上主，也會帶你接近上主，但不是出自上主。²祂所創造的一切怎麼可能需要寬恕，這是不可思議的事。³因此，寬恕也屬於幻相的領域，只因它以聖靈的目的爲目的，故能脫穎而出。⁴寬恕能幫人遠離錯誤，不像其他的幻相反會導致錯誤。

2. 　　寬恕也許可以稱之爲一齣喜劇，也可視爲幫助不明眞相者跨越知見與眞理之間的溝距的橋樑。²他們無法直接由知見跳到眞知之境，因爲他們不認爲這是出自自己的意願。³爲此，上主好似成了他們的死對頭，使他們無法看清祂的眞相。⁴也正是這個神智不清的知見，使他們難以心甘情願地啓程，平平安安地回歸上主那兒。

3. 　　因此，他們需要一種虛擬的救援假相，因爲他們是如此的無助；他們需要平安的聖念，因爲他們一直活在衝突之中。²上主在聖子開口求助之前，早已知道他的需要。³祂不在意人們以何種方式求助，祂的旨意只願他們了解祂所給予的內涵。⁴這就夠了。⁵形式會隨著需要而調整，而內涵卻是不變的，就像它的造物主那般永恆不易。

4. 　　你必須先看到基督聖容，上主的記憶才可能回到你心中。²理由很顯然。³若要看到基督聖容，必然涉及知見問題。⁴沒有人能直接目睹眞知。⁵基督聖容卻成了寬恕最醒目的象徵。⁶這就是救恩。⁷它象徵著眞實世界。⁸凡是著眼於此境的人，再也看不到世界了。⁹他離天堂之門的距離不能再近了。¹⁰他離天門不過一步之遙。¹¹這是最後的一步。¹²我們把這一步交託到上主的手中。

5. 　　寬恕也是一個象徵，它象徵著上主的旨意，故是無法分割的一體。²正是它反映出來的一體性，彰顯了上主的旨意。³它是唯一存在世界之內卻能直通天堂彼岸的橋樑。

6. 　　上主的旨意是一切的究竟。²我們只可能由虛無通向萬有，由地獄邁向天堂。³這算得上是一種旅程嗎？⁴不，在眞理內它不是，因眞理是如如不動的。⁵唯有幻相才可能由一處移向另一處，由一段時間邁向另一段時間。⁶那「最後的一步」不過是一種扭轉而已。⁷它既屬於知見的領域，故有一部分也非眞實的。⁸然而，

這一部分終將隱沒。[9]最後只剩下永恆的平安與上主的旨意。

7.　　　如今，再也沒有什麼心願了，因為願望是會改變的。[2]連你的夢想都有失寵的一天。[3]這是必然的，因為小我永遠不可能安心的。[4]上主的旨意，也是上主的恩賜，卻永恆不渝。[5]祂所給的一切，必然與祂自身一樣。[6]這便是基督聖容的宗旨所在。[7]它是上主為拯救聖子而給的禮物。[8]一看見這一聖容，你便被寬恕了。

8.　　　當你看到了反映在那境界的自我真相的那一刻，世界會顯得出奇美麗。[2]如今，你不只純潔無罪，還會親眼看到自己的無罪本質。[3]如今，你不只是神聖的，還會親眼看到聖潔的景象。[4]如今，心靈回歸它的造物主，天父及聖子終於結合了，合一之境的神聖一體性不只支撐著所有的結合，同時超越了所有的合一境界。[5]上主是無法目睹的，你只能領悟。[6]祂的聖子不是讓你攻擊的，而是要你認出他的真相。

# 肆．正見 —— 眞知

1.　　你眼前的世界只是一個幻相而已。²上主從未創造過這樣的世界,因爲祂的創造必是永恆的,如祂自身一般。³然而,你眼前的世界沒有一物是永世長存的。⁴也許有些會比其他東西持久一些。⁵然而,時辰一到,一切有形之物都有個結束。

2.　　因此,肉眼的媒介不足以看見眞實世界,它們所著眼的幻相,只會導向更大的幻境。²這才是它們的能耐。³肉眼所見的一切,不只無法久存,還會助長罪與咎的念頭。⁴至於上主所創造的一切,則永遠不受罪的污染,故也不受內疚之苦。

3.　　眞知(knowledge)不是修補妄見(false perception)的藥方,因爲兩者既屬於不同的層次,根本沒有碰頭的可能。²妄見只有一個修正之方,就是正見(true perception)。³正見也非永世長存之物。⁴但在它存在的那段時間裡,它能發揮療癒之效。⁵正見這一帖藥方,具有多種別名。⁶寬恕、救恩、救贖、正見,它們全是一回事。⁷它們源自同一個起點,最後都會歸向那超越自身的一體境界。⁸正見乃是拯救世界脫離罪惡的媒介,因爲罪根本就不存在。⁹而正見所看到的正是這一眞相。

4.　　這世界有如擋在基督聖容前的一個障礙。²但在正見的眼裡,它不過是一張薄弱的面紗,不費吹灰之力就能在瞬間拆除。³世界終於露出它的廬山眞面目了。⁴它只好悄然引退,如今,正見爲你清理出一塊空間。⁵基督會在世界消跡之處顯示祂的聖容;在這一刻,世界被遺忘了,它被捲回虛無的漩渦,也就是它的源頭。時間至此永遠告終了。

5.　　被寬恕的世界也不會存留多久的。²它一度成爲身體的家園。³但寬恕的眼光能夠超越身體之上。⁴這正是它神聖之處,也是它的療癒之功。⁵身體的世界屬於罪的世界,因爲只有身體存在時,罪才可能依存其上。⁶罪一定會孳生內疚,就如寬恕必能撤銷內疚一樣。⁷罪咎一旦消失殆盡,那分裂的世界便會頓失所據。⁸空間也會隨著時間一起消逝。⁹世界是因著身體才顯得像眞的一樣,它既是分裂的,豈能存活於不可能分裂之境?¹⁰寬恕證明了這個不可能性,因爲寬恕能夠視而不見那一切。¹¹你所罔顧之物,對你自然變得不可理解;就像你先前對它的存在那般肯定不疑,是

同樣的道理。

6. 　　正見帶給人的正是這一轉變：過去被投射於外的，如今他都由內看清了，而寬恕就在那兒消除了它的蹤影。²他在那兒築起了一座獻給上主之子的祭壇，他會在那兒憶起自己的天父。³在這兒，一切幻相都被帶到眞相前，安置於祭壇之上。⁴凡是從外面所看到的問題，寬恕對它愛莫能助，因爲它們看起來永遠都是罪不可赦。⁵凡是從外面看到的罪，你對它一定束手無策。⁶有什麼妙方解除得了人的內疚？⁷但你若願往自己的心念看去，罪咎與寬恕便在那一刻碰頭了，齊身並列於祭壇之上。⁸疾病與它的唯一解藥終於結合於同一個療癒的光明中。⁹上主會來認領屬於祂的人。¹⁰寬恕才算功德圓滿。

7. 　　如今，上主那不變、肯定、純淨而且人人能懂的眞知，終於回到它自己的國度。²知見，不論是正見或妄見，都已經過去了。³寬恕也過去了，因爲它完成了任務。⁴身體也過去了，消失於那獻給上主之子的祭壇的燦爛光明中。⁵上主知道那是祂的眞知，也是聖子的眞知。⁶他們就在此結合了，而基督聖容也在此驅散了時間的最後一刻；如今，最後的一個知見終於看清了世界既無存在之因，也無存在的目的。⁷上主的記憶所至之處，人生旅程便告結束，罪的信念不復存在，沒有隔離的圍牆與身體，罪咎的陰森魅力亦已不再，死亡自此永遠銷聲匿跡了。

8. 　　我的弟兄啊！你若知道那平安是怎樣庇蔭著你，將你安全、純潔而美好地護守在天心之內，你不可能不奔向祂的祭壇，迫不及待地與祂團聚的。²你與祂的聖名同時受到天地的頌揚，因它們已在此聖地合而爲一了。³在此，祂俯身將你提昇到祂那裡，由幻境昇至神聖之地，由世界昇至永恆之境，且將你由一切恐懼中救出，交還到愛那裡。

# 伍． 耶穌 —— 基督

1.　　你不需要任何人協助你進入天堂，因爲你從未離開天堂一步。²只因你對上主在實相中賦予你的本來面目產生了錯誤的信念，你才需要外力幫你走出那畫地自限的自我形象。³上天賜你的神聖助手，外形有所不同，但在祭壇上，他們其實都是同一個。⁴每一位神聖助手都出自上主的一個聖念，這是永恆不變的。⁵他們的名字會因時因地而有所不同；時間本身既非眞實之境，故需要藉助於有形的象徵。⁶他們的名字雖然眾多，我們在此只談本課程所涉及的名字。⁷上主本身是不會插手相助的，因爲祂知道無此需要。⁸但祂爲那些仍把幻境當眞的聖子造出形形色色的神聖助手。⁹爲他們而感謝上主吧！因爲他們乃是領你回家之人。

2.　　耶穌之名，是指曾有這樣一個人，他在所有弟兄身上看到基督聖容，而憶起了上主。²他一旦與基督認同了，便不再是一個人，而與上主合一了。³這個人本身是個幻相，因他看起來是個獨立自主的生命，孑然走在人間，活在一具身體內，那具身體也如所有的幻相一樣，將他的自我與自性隔離了。⁴只有能夠目睹種種幻相卻仍能與背後的眞相認同的人，才具備了拯救的能力。⁵耶穌得以成爲救世主，也因他能看見虛妄，卻不會把它當眞。⁶基督需要借用他的形相方能向人顯示自己，好將他們由自己的種種幻相中拯救出來。

3.　　基督乃是上主的完美之子，祂的唯一造化，也是祂的喜悅，永遠肖似上主且與祂一體不分；當耶穌徹底與基督認同後，便成了全人類的生命實相。²他引導你跟隨他。³將你領回上主那兒，因爲他不只見過此路，還親身走過。⁴他已能明辨眞假虛實之別，你卻仍在懵懵懂懂之中。⁵他爲你做了最後的示範，證明沒有人殺害得了上主之子的，連罪孽、邪惡、怨恨、恐懼或死亡也動搖不了他的生命分毫。

4.　　你所有的罪就這樣得到了寬恕，因爲它們起不了任何作用。²它們只是一場夢罷了。³現在就隨著這位識途老馬一起動身吧！因爲你欠他這份恩情，他爲驅散你的迷夢而不惜進入夢中。⁴他至今仍留在你的夢裡，等著與你結合。

5.　　他是基督嗎？²是的，與你一起成了基督。³他在世渺小的生

命不足以傾囊傳授他為人類學會的偉大課程。⁴他會繼續陪伴著你，將你由自己所營造的地獄領回上主那兒。⁵你的願心一旦與他的大願結合，你的眼光就成了他的慧見，因基督的慧眼原是人類共有的天賦。⁶與他同行，就像與你一塊兒長大的弟兄同行那麼自然，因他確實是你的弟兄。⁷他一心只想作人類的弟兄，卻有人把他塑造成某種冷峻無情的偶像。⁸為你心中對他所懷的幻相而寬恕他吧，你就會看出他原是你多麼親密的弟兄。⁹因他會讓你的心靈安息，將你的心靈連同你一起帶回上主那裡。

6.    他是上主唯一的神聖助手嗎？²絕對不是。³基督會現形於不同的形相與名字之下，直到人們領悟了自己的一體性為止。⁴然而，對你而言，耶穌是傳遞基督的唯一訊息「上主是愛」的使者。⁵你不需要其他助手了。⁶即使是還無法接受他進入自己的生活的人，仍能因著閱讀他的教誨而受益的。⁷不過，你如果想要得到上主的平安而與他分享你的痛苦及喜悅，甚至將它們交託給他的話，耶穌對你的幫助一定更大。⁸這畢竟是他的「課程」，最重要的是，他要你學會下面的真理：

> ⁹沒有死亡這一回事，因為上主之子與天父一樣。¹⁰不論你做什麼，都改變不了永恆的聖愛。¹¹忘卻你那充滿罪與咎的人生大夢吧，與我一起分享上主之子的復活生命。¹²偕同祂所指派給你且要你像我照顧你那樣去照顧的人，一起前來吧！

# 陸. 聖靈

1.　　耶穌乃是聖靈的化身。耶穌升天（或是說他徹底證入基督自性，成爲上主創造的聖子）之後，曾經呼求聖靈降臨人間。²聖靈，不只是那唯一造物主的一個造化而已，祂繼續與上主一起創造，祂與上主同樣的靈性是永恆不朽且千古不易的。³聖經說：「祂被派遣到世界上來。」意思是如今人們已經可能接受祂，且聽見祂的聲音了。⁴祂是代上主發言的天音，因此具有某種形式。⁵這種形式並非祂的實相，只有上主偕同基督（即祂的眞實之子，也是祂的一部分）方知那一實相。

2.　　根據整部《課程》的描述，聖靈負責爲我們的分裂之境提供對治之道，爲我們帶來救贖計畫，祂不只在那計畫中爲我們指定了一個角色，還清清楚楚地告知我們的任務。²祂立耶穌爲實現這計畫的領袖，因爲他是圓滿完成自己那一部分任務的第一人。³因此，天上地下的一切權能都賜給了他，當你完成了自己的任務之後，也會享有他的權能。⁴救贖的原則遠在耶穌付諸行動以前就已賜給了聖靈。

3.　　本課程把聖靈描述成上主與其分裂兒女之間僅餘的交流管道。²爲了達成這一特殊任務，聖靈負有雙重的任務。³聖靈內有眞知（knowledge），因爲祂是上主的一部分；但祂同時具備了世間的知見能力（perception），因爲祂負有拯救人類的使命。⁴祂就是那偉大的修正原則，爲人類帶來了正知見，承繼了基督慧見的大能。⁵祂是光明，只有透過這一光明，人們才看得見那已被寬恕的世界，只有透過這一光明，人們才能看見基督聖容。⁶祂絕不會忘記造物主及其造化的。⁷祂也不會忘記上主之子。⁸祂絕不會忘記你。⁹祂在永恆的光輝中，爲你帶來了天父之愛；那光輝永恆不滅，因爲是上主親自將它安置於此的。

4.　　聖靈就住在你心內屬於基督之心的那一部分。²祂同時代表著你的自性與你的造物主，兩者其實是同一生命。³祂既與兩者同體，故能同時爲上主及你發言。⁴因此，也唯有祂能證明上主與聖子確實是同一個生命。⁵祂好似一種「聲音」，透過那一形式爲你說出上主的聖言。⁶祂又如一位領你穿越蠻荒漠土的「嚮導」，因爲你確實需要那種形式的指引。⁷爲了答覆你心目中的

種種需求，祂不惜化身爲任何形式。⁸祂不會被那些困擾你的子虛烏有的需求所蒙蔽。⁹祂就是要幫你由這些需求中解放出來的。¹⁰祂就是要保護你免受這類需求之苦的。

5.　　　你是祂在世的化身。²你的一位弟兄正呼求你與他一起充當祂的「聲音」。³他無法獨自成爲上主之子的神聖助手，因爲僅憑自己，他一籌莫展。⁴唯有與你攜手，他才能成爲世界的光明救世主，他的救贖任務因你而得以圓滿。⁵祂向你，同時也向他致謝，因爲你在他拯救世界之際，與他攜手並進。⁶時間結束之後，你就會與他同在；先前隨著死亡哀歌而起舞的那個噩夢從此無跡可尋。⁷代之而起的，是上主之頌的裊裊餘音。⁸最後，連天音也將消逝，抖落一切形式，終歸於那永恆無相的上主之境。

# 結　語

1.　　可別忘了，這旅程一旦展開，結局就已成定數。<sup>2</sup>一路上，你的疑慮難免此起彼落，周而復始。<sup>3</sup>然而，結局已定。<sup>4</sup>沒有人會完成不了上主指派給他的任務。<sup>5</sup>當你忘卻自己的任務時，請記住，有祂伴你同行，祂的聖言已銘刻在你心上。<sup>6</sup>懷有這希望的人怎麼可能絕望？<sup>7</sup>雖然絕望的幻相仍會不時來襲，但你已學會不受它們的蒙蔽。<sup>8</sup>每個幻相的背後，就是實相，就是上主。<sup>9</sup>在幻相的盡頭，上主的聖愛只有剎那之隔，你為何還踟躕不前，繼續以幻相取代實相？<sup>10</sup>結局已定，且有上主親自作保。<sup>11</sup>就在一步之遙，至聖聖所為你開啟了那道遠古之門，領你遺世遠颺，還有誰會繼續獃立於了無生機的幻相之前？

2.　　你在此是異鄉的過客。<sup>2</sup>但你原是上主的家人，祂愛你之深如同祂愛自己。<sup>3</sup>讓我幫你推開古墓的石板吧！這原是上主的旨意。<sup>4</sup>我們已經步上這一旅程。<sup>5</sup>始自遠古，結局就已寫在星辰上了，掛在光明燦爛的重天之上，它永存不朽，萬古常新。<sup>6</sup>它至今猶存，既未改變，也不會改變，且永不改變。

3.　　不要害怕。<sup>2</sup>我們只是再度踏上這段飄泊已久的遠古旅程，雖然感覺上好像是頭一遭。<sup>3</sup>我們再度邁上以前一起走過卻一度迷失的路。<sup>4</sup>如今，讓我們重新開始。<sup>5</sup>這個新開始會給你前所未有的肯定感與明確感。<sup>6</sup>向上仰望吧！瞻仰祂寫在星辰上的聖言，祂已將你的名字與祂的銘刻在一起了。<sup>7</sup>向上仰望吧！你會找到你生命的定數，那才是世界一直隱瞞著你而上主卻願你親眼目睹的結局。

4.　　讓我們在此靜靜地等待，屈膝片刻，向那召喚我們且幫我們聽見召喚的「那一位」，表達我們的感恩。<sup>2</sup>然後我們就起身，滿懷信心地向祂邁進。<sup>3</sup>如今，我們相當肯定自己並非獨自走在人間的路上。<sup>4</sup>我們有上主同行，還有與祂同在的所有弟兄。<sup>5</sup>如今，我們知道，我們再也不會迷路了。<sup>6</sup>歌聲再度揚起，聽來猶如一首絕響，其實這首天堂之歌不過沉寂了片刻而已。<sup>7</sup>我們在此開始的一切，會生出更多的生命、力量與希望，直到世界能夠靜止片刻，忘卻整個罪咎之夢的滄桑。

5.　　讓我們一起走出去，迎向新生的世界，深知基督已在世間重

生了，而這重生的神聖生命將亙古常存。<sup>2</sup>我們一度迷失過，但祂已將我們覓回。<sup>3</sup>讓我們一起迎接祂回到我們這兒來，慶祝救恩的來臨，也慶祝我們自以為打造出來的那個世界終於結束了。<sup>4</sup>在這嶄新的一天，曉明之星照在煥然一新的世界上，它向上主伸出歡迎的手，聖子終於與祂團圓了。<sup>5</sup>祂感謝我們使祂重歸圓滿，我們對祂也懷著同樣的感謝。<sup>6</sup>上主之子進入了寂靜，懷著天賜的安寧，步入自己的家門；他的心，終於平安了。

# 奇蹟課程 補編

## 心理治療

目的、過程與行業

## 頌禱

祈禱、寬恕與療癒

心靈平安基金會

〈心理治療：目的、過程與行業〉、〈頌禱：祈禱、寬恕與療癒〉，這兩篇文章與《奇蹟課程》同出一源，乃是海倫・舒曼博士晚年的秘傳資料，根據奇蹟理念延伸而出的補充教材。

〈心理治療〉一文，始於一九七三年，成於一九七五年，內容將整部課程的「療癒觀」濃縮於一個原則：兩個人結合於同一福祉或目標下。此文外觀上好似針對心理治療師而作，其內涵卻足以嘉惠各行各業的讀者。

〈頌禱〉是海倫博士一九七七年的秘傳筆錄，分別以三章篇幅畫龍點睛地重述了《奇蹟課程》「祈禱」、「寬恕」與「療癒」三個基本概念，先解說小我對這三個概念的妄見，隨後逐一提出聖靈的正見，為讀者提供一個清晰的對比。為此，讀者必須先對奇蹟理念有一整體的認識，這兩篇文章才能發揮協助他們研讀與操練《奇蹟課程》之效。

# 心理治療

## 目的、過程與行業
### 奇蹟原理的延伸教材

心靈平安基金會

# 目　錄

## 心理治療—目的、過程與行業

# 導　言

1.　　治療只有一種，那就是心理治療。[2] 因爲只有心才會生病，故只有心才有療癒的可能。[3] 也唯有心靈有待治療。[4] 由現實層面看來，好似並非如此，因爲世界所呈現的外在證據顯得眞實無比。[5] 爲此，人們才需要心理治療來幫他反問那些表面證據的眞實性。[6] 有時，他無需任何專業的協助，也能逐漸開啓自己的心靈；即使如此，他仍需改變自己對人際關係的看法，心靈才可能眞正的開放。[7] 有時，他得藉助一些專業人士，需要與心理治療師建立比較長期且固定的輔導關係。[8] 不論哪一種途徑，目標都是一樣的，就是幫助病患改變他把幻相當眞的心態。

# 壹．心理治療的目的

1.     心理治療的目的，簡言之，就是撤除擋在眞相前面的種種障礙。² 其宗旨是爲了幫助病患放棄執迷不悟的錯覺妄想，開始看出自己的思維邏輯是多麼虛妄不實。³ 世上沒有一人不受恐懼的侵襲，但每個人都能夠重新反省它眞正的起因，學習正確的評估方式。⁴ 上主已將那位「聖師」賜給了每一個人，祂的智慧與助力遠超過世間任何治療師之力所能及。⁵ 然而，在某些時空環境下，上主也能藉助於世間治療師與病患的關係，把祂可貴的禮物送到雙方手裡。

2.     人間哪一種關係能與「邀請聖靈加入而得享祂至高的喜悅」相媲美？² 有哪一種目標會比「學習呼求上主且聽到祂的答覆」更高超？³ 世上可有任何理想會比「呼求身爲『道路、眞理及生命』的那一位而憶起上主」更爲殊勝？⁴ 這些境界原是心理治療的本分。⁵ 人間還有什麼比這更神聖的工作？⁶ 只要解讀正確，心理治療其實就是教人寬恕，幫助病患認識寬恕而且接受寬恕。⁷ 心理治療師則會在病患獲癒的同時，感到自己也獲得了寬恕。

3.     凡是有待救助之人，不論他陷於哪一種困境，追根究柢，都不外乎因自我打擊而失落了心靈的平安。² 心理治療稱之爲「自我毀滅」的傾向，病患常爲這種衝動所苦。³ 他絲毫看不出，這能夠攻擊別人也會受人攻擊的「自我」其實只是他自己營造出來的一個概念罷了；這也成了他亟需學習的課程。⁴ 難的是，他對這個自我概念百般憐惜，處處護衛，甚至不惜爲它「犧牲」自己的「生命」。⁵ 因他已把這自我當成了自己。⁶ 他感到這個自我終日爲外在的要求疲於奔命，被世界壓得欲振乏力。

4.     因此，心理治療必須喚醒他的覺知力，重建他的抉擇力。² 而他也必須願意改變自己的想法才行；他需要認清，自己原先視爲外界硬加在他身上的種種報應，其實是他加於世界的種種投射。³ 所以他眼前所見的那個世界其實並不存在。⁴ 病患最起碼得接受這一觀念，否則他不可能承認自己還有選擇的自由。⁵ 他會抵制這一自由，把它當成一種另類的奴役。

5.     病患無需把眞理當作至高神明，他仍能在救恩道上有所進步。² 他至少需要學會分辨眞相與幻相之別，認出兩者不同之處，

而且也愈來愈願意正視幻相的虛妄，而接受眞相的眞實性。³當他準備好接受時，他的內在聖師便會領他更上一層樓。⁴心理治療只能爲他節省時間。⁵聖靈會按祂認爲最好的方式發揮時間的妙用，且從不失誤。⁶在祂的指導下，心理治療成了祂幫人節省時間的一種善巧方便，還能爲祂的救恩大業培養出更多的教師。⁷不論這些教師以什麼方式助人，只要是由聖靈主導而且遵循祂的指示，功效必然不可限量。⁸不論祂採取哪一種途徑，所有心理治療最終都殊途同歸地指向上主。⁹最後那一步操之於祂。¹⁰其實我們全是祂的心理治療師，因爲祂願我們一起在祂內獲得療癒。

# 貳. 心理治療的過程

## 前　言

1. 　　心理治療乃是改變自我觀念的一個過程。²這「新」的自我，最多只能算是一種比較寬容的自我概念；我們不可能期待心理治療幫人打造出一個真實的我來。³那不是它的任務。⁴只要能為那真實的我鋪路，它便已善盡了任務。⁵它的任務，究竟說來，不外乎幫助病患化解基本的錯誤，就是相信「發怒能幫他達到目的」以及「為了保護自己，他可以理直氣壯地攻擊別人」。⁶他對這些信念的錯誤程度體會得多深，他真正得救的程度就有多深。

2. 　　病患開始接受一種治療關係時，內心未必懷有上述的目標。²反之，那些觀念對他們來講並沒有太大的意義，否則他們根本無需治療了。³他們一心只想保持原有的自我概念，卻又竊望逃避，但願自己不必承受它的苦果。⁴他們相信這是可能的事，藉此瘋狂的信念讓自己安心一點。⁵然而，只要神智還有幾分清明，就知道那分明是不可能的，最後不能不求助於怪力亂神。⁶在幻相世界裡，把不可能的事變得可能，並非難事；只是他必須付出「把幻相弄假成真」的代價。⁷病患顯然已經為此付出了代價。⁸如今他只能寄望於「好一點」的幻相了。

3. 　　因此，剛開始治療時，病患與心理治療師各懷鬼胎。²兩人可能各自執著於虛妄的自我概念，他們對於「進步」的看法也大相逕庭。³病患希望學到的是：怎樣才能無需大幅度地改變原有的自我概念，就能獲得預期的改善。⁴他甚至設法鞏固原有的自我概念，好讓心理治療充分發揮他心目中的神奇功效。⁵他企圖把原本不堪一擊之物改造成百害不侵的，把有限之物變成無限的。⁶他把自我奉為一尊神明，死心塌地為它奉獻一生。

4. 　　不論心理治療師用心多麼誠懇，他必然也想把病患的自我概念改造成他自己相信的某種形式。²心理治療的任務之一即是不斷調整他們在觀念上的差異。³但願雙方能夠慢慢放下原有的目標，因為他們只能由這層互動關係中尋回自己的救恩。⁴治療的初期，病患與治療師難免會懷有一些不切實際的目標，不可能完全擺脫得了異想天開（怪力亂神式）的心態。⁵然而，終有一天，他們會放下這類不實幻想的。

# 一. 心理治療的限度

1.　　　很少心理治療能夠達成理想的結果。²明白「療癒屬於心靈的層次」，是一切治療的起點；只有相信這一點的人才會接受心理治療。³他們受益的程度也可能僅限於此，因爲沒有人能夠學到他們還沒有準備好接受的事。⁴然而，接受的程度會逐漸改變的，只要治療師或病患再往前推進一步，新的需求將促使他們發展出新的關係。⁵他們也許會再度相聚，繼續這一關係，聖化這一關係。⁶他們也可能分道揚鑣，找到新的治療關係。⁷我敢保證，這對他們雙方仍是一種進步。⁸表面的停滯只是過渡現象。⁹整體來講，它仍然朝著眞相邁進。

2.　　　心理治療本身沒有創造的能力。²小我心中常有個錯誤觀念，以爲心理治療能帶給它眞實的轉變，因此具有眞正的創造力。³這與我們先前所提的「得救的幻相」或「最後的一夢」是兩回事，小我卻以它們作爲最後一道防線。⁴小我一向以「抵制」的心態面對問題，它甚至把「抵制」詮釋爲一種進步與成長。⁵這種詮釋必會構成曲解，因它根本是一種自欺的幻覺。⁶小我追求的並非眞實的改變。⁷它所追求的其實是更深的陰影，一種海市蜃樓。⁸凡是出自虛無之物，不可能具有新意或與眾不同的。⁹幻相就是幻相，眞相就是眞相。

3.　　　上述的抵制心態，可說是道出了治療師與病患共有的心理特質。²不論哪一方懷此心態，都會限制了心理治療的效果，因爲它已經畫地自限了。³小我若在治療過程中攪局，連聖靈都只能徒呼負負。⁴但是，祂會等待，而祂的耐心是無限的。⁵祂的目標一向堅貞不二。⁶不論病患與治療師如何爲彼此分歧的目標找出妥協的辦法，永遠不可能完全調和一致的，除非雙方能夠結合於聖靈的目標之下。⁷唯有如此，衝突才會消失，因爲唯有如此，心中才會篤定下來。

4.　　　最理想的心理治療是由無數的「神聖會晤」串連而成的：弟兄們萍水相逢，彼此祝福，一起領受上主的平安。²世上所有的「病患」遲早都會經歷這一神聖會晤的，因爲只要來到這世界的人，哪一個不是有待治療的病人？³治療師只是比較專業的上主之師罷了。⁴他從教中不斷學習；愈資深的老師，教的就愈多，學的也愈多。⁵但不論他的心態達到哪種境界，總會有與他心態

相應的病患需要他的協助。⁶那些人也只消化得了他目前所能給的協助。⁷直到他們雙方的神智都恢復正常爲止。

## 二. 宗教在心理治療所扮演的角色

1.　　成爲上主之師，並不需要成爲宗教人士，甚至無需顯示他對神的信仰。²唯一的條件只是他必須教導寬恕而不定人之罪。³即使在這方面，也沒有人會要求他做到言行一致或表裡如一；他若已達此境界，無需片言隻字就能在彈指之間圓滿地傳布救恩了。⁴已經修完人生課程者，不再需要老師；已經療癒之人，也無需藉助於治療師。⁵聖靈始終以人際關係作爲自己的神聖道場，這些關係終有一天會恢復完美而回歸永恆的。

2.　　形式化的宗教組織在心理治療中沒有存在的必要，形式宗教在宗教裡其實也沒有眞正的地位。²這個世界有一種令人費解的傾向，總喜歡把互相矛盾的字連成一個詞，卻看不出其間的矛盾。³企圖把宗教形式化，充分顯示出小我的居心叵測，想讓水火不容之物妥協並存，我們無需爲此耗費筆墨。⁴宗教屬於一種經驗，心理治療也是一種經驗。⁵到最高層次時，它們一體相通。⁶它們雖仍不屬於眞理層次，卻有導向眞理的功能。⁷若要找回眞相，顯而易見的，除了撤除那些好似妨礙你覺於眞相的障礙以外，還有什麼更直截了當的方法？

3.　　凡是學會寬恕的人，不可能不憶起上主的。²因此，只需教人寬恕就夠了，那是唯一有待學習的課程。³任何妨礙人憶起上主的障礙，都象徵著你不寬恕的心態，絕無例外。⁴病患很難看出它背後的隱衷，只有少數的心理治療師能看清這一心態。⁵世界沉瀣一氣而且「眾志成城」地抵制這一覺知，因爲它等於否定了世界以及世間的一切價值。

4.　　然而，幫人覺於上主的臨在，並非心理治療的本分。²它要等到心理治療功成身退時才會現身；因爲寬恕所至之處，眞理必會現身。³如果心理治療要靠相信上主存在才有療效的話，那就太不公平了。⁴何況「相信上主」的概念其實沒有什麼意義，因上主只可能被「覺」或被「悟」，而那屬於眞知的領域。⁵「相信」反射出「不信」的可能；然而，在上主的眞知內，這種對立

是不存在的。[6]不「知」上主就等於沒有「覺悟」，所有不寬恕之舉都會將人導向這不「知」不「覺」之境。[7]缺了眞知，人們只好退而求助於信仰了。

5.　　不同的教義會吸引不同的人。[2]某些宗教與眞神境界根本扯不上任何關係；同樣的，有些心理治療與眞正的療癒宗旨也常背道而馳。[3]然而，只要學生與老師同心協力致力於同一目標，就等於邀請上主來臨，祂也必會加入他們的關係的。[4]同理，只要病患與治療師結合於同一目的下，上主的臨在一定也會逐漸出現於治療過程的，它得先藉助基督的慧見，才能喚醒「上主的記憶」。[5]心理治療原本就是一段幫人恢復正常心智的過程。[6]教師與學生，治療師與病患會來到這一世界，表示他們的神智已經失常了。[7]他們必須攜手並進，才可能找到出路，因爲沒有人能夠獨自恢復正常的。

6.　　如果療癒象徵著你已邀請上主進入祂的國度，不論這邀請函是怎麼寫的，又有何差別？[2]用什麼紙，什麼墨水，或什麼筆，又有何關係？[3]甚至這邀請函是誰發出的，又有何影響？[4]有心重建上主世界的人，表示他們已經知道如何向祂求助了，上主必會欣然而至。[5]只要有兩個人有志一同，祂必會來到他們中間。[6]不論他們的目的何在，唯有同心協力，才有成功的可能。[7]只要是能與人共享的目標，不可能不蒙受基督的祝福；只要是祂的慧眼視而不見之物，必然支離破碎而且毫無意義。

7.　　眞實的宗教才有療癒的能力；那麼，道地的心理治療便不可能不帶有一些宗教意味。[2]然而，兩者都會化身爲種種不同的形式，因爲沒有一位明師會以同一種方法來調教所有學生的。[3]反之，他會耐心地聆聽每個學生，讓他自行決定課程的形式，但不是課程的目標，而是怎樣最能讓他達到自己預設的目標。[4]老師在教的過程中也許根本不提上主的名字。[5]心理治療師也很可能意識不到療癒之力其實來自上主。[6]他們的貢獻卻可能超過那些自以爲找到眞神的人。

8.　　教師必須做什麼，才能眞正學到東西？[2]心理治療師必須做什麼，才能帶來眞正的療癒？[3]只有一件事，那也是救恩對每個人的唯一要求。[4]每個人必須與另一位致力於同一目標；唯有如此，他才可能放下私人的利害考量。[5]唯有如此，他才可能超越小我

加於自身的狹隘限定。6唯有如此，教師與學生、治療師與病患、你與我才可能接受救贖，並且學會給出自己所領受的禮物。

9.　　　交流不可能是單方面的。2凡是與弟兄劃清界線的人不可能獲得基督的慧見。3即使這禮物早已賜給了他，他卻無法伸手接受。4願他靜下心來，認清弟兄的需求原是他自己的需求。5也願他回應弟兄的需求一如答覆自己的需求，並看出那是同一需求，而且確實如此。6宗教究竟為了什麼？不就是為了幫人看出這一真相嗎？7心理治療究竟為了什麼？不就是為了將人帶入同一方向嗎？8同一目標同化了這兩種過程；同一心志也會使得兩個方法如出一轍。

# 三．心理治療師的角色

1.　　　心理治療師可說是一位領路人，他走在病患稍前幾步，能夠預見路上的一些障礙而協助病患避開那些陷阱。2他若也能成為一位追隨者，那就更理想了，因為他前面也有一位「導師」為他照亮前程。3若非這位「導師」的帶領，他們兩人只是瞎子摸路，不知何往，也不知所終。4然而，只要他們以療癒為志，那位內在導師是不可能全然缺席的。5但你很可能認不出祂來。6不論你目前所能領受的光明多麼微弱，也足以照亮你追求真理的道路了。

2.　　　療癒之效不只受限於心理治療師本人的限度，同樣受限於病患自己的限度。2因此，整個療癒過程的宗旨就是超越這些限制。3沒有人能獨自完成這一目標的，唯有同心協力，才能發揮他們的潛能而超越這些限制。4如今，他們進步的快慢全憑雙方願意發揮多少潛能而定。5在治療的初始階段，可能只有一方懷有這種意願；等到另一方加入，這一願心便會茁壯起來。6因此，治療的進度在於個人的決定；它可能直達天庭，也可能離地獄只有數步之隔。

3.　　　表面看來，心理治療也有失敗的可能。2治療的結果可能每況愈下。3但到頭來，總會帶來一些益處的。4一方發出求助的呼籲，另一方接收到了，且伸出援手，予以回應。5這完全符合救恩的程式，因此不會沒有療效的。6只有分歧的目標才會阻撓完美的療癒。7治療師若徹底放下小我，無需藉助於隻言片語，僅憑他的

臨在便足以療癒整個世界了。[8]即使人們無法看到他，無緣與他晤談，甚至根本不知道有這麼一個人存在。[9]他單純的「臨在」便足以帶給人們療癒之效了。

4.　　理想的心理治療師與基督必然是一體相通的。[2]但療癒需要過程，並非一個單一事件。[3]若不是病患的出現，治療師不可能進步，而病患也無從接受基督自性（否則他就不會淪為「病患」了）。[4]因此，我們不妨這樣說，已經全然捨棄小我的治療師好比是立於整個療程終點的一個無形象徵，他的修持如此高超，再也不會把疾病當真；他又如此接近上主，再也難以將世界視為真實了。[5]如今，他藉由那群求助者向世界伸出了援手，展開了他的救恩計畫。[6]於是，心理治療師成了他病患的病患，藉著協助其他病患，傳遞了自己由基督天心所領受的聖念。

# 四．罹病的過程

1.　　既然所有的治療都屬於心理治療，那麼我們可以說，所有的疾病都是一種心病。[2]它代表了一種對上主之子的判斷，這判斷出自心理的運作。[3]而這種判斷又是一種決定，出自上主之子再三與造化及造物主作對的選擇，[4]決心把宇宙看成自己想要的模樣。[5]這一決定使他認定真理會說謊，故真理變得與謊言無異。[6]而疾病不過表達出人心的哀傷與罪咎罷了。[7]有誰能不為自己所失落的純潔本性而哭泣？

2.　　上主之子一旦被視為有罪之身，疾病便勢所不免。[2]它會應人心之請而來，如影隨形。[3]凡是招請疾病上門的人，就會中邪似地四處追逐無效的解藥，因為他們的信心全置於疾病之上，而非救恩本身。[4]只要改變自己對疾病的看法，不可能沒有療效的，因外在所有的問題不過是過去的決定所留下的陰影。[5]決定一旦改變，它的陰影怎麼可能不隨之轉變？[6]疾病也是罪咎的一道陰影而已，它既然屬於一種畸形，怎麼可能不顯得怪誕醜陋？[7]你一旦把這個怪物當真，它的陰影怎麼可能不更加畸形？

3.　　當人決定把罪咎當真以後，他便別無選擇，只好一步一步走向地獄。[2]於是，疾病、死亡與痛苦猶如無情的浪濤，在人間肆虐，它們有時聯袂而至，有時前仆後繼。[3]然而，這一切不論看

起來多麼真實，其實全是幻相。⁴只要明白了這一點，誰還會把信心放在它們身上？⁵但在真相大白以前，又有誰能不相信它們？⁶療癒是一種治療，或是一種修正，我們已經說過，不妨再說一遍：所有的治療都是心理治療。⁷所謂療癒病患，不過是讓他們明白這個道理而已。

4.　　　當今一些心理治療的泰斗，已經開始避免使用「治癒」（cure）這個字眼是有道理的。²因為他們沒有「治癒」的能力，他們其實根本不了解療癒的真諦。³更糟的是，這工作還很可能加強了身體在他們心裡的真實性；於是，他們只好藉助怪力亂神之念去療癒心靈所引發的疾病。⁴這種治療方式怎麼可能「治癒」任何人？⁵它從頭到尾有如一場荒謬的鬧劇。⁶開始走錯一步，以後只好依樣畫葫蘆。⁷這種治療等於是把上主視為邪魔，只能在邪惡之物中看見祂的蹤影。⁸這種治療方式怎麼可能有愛？⁹它怎麼「治癒」得了任何疾病？¹⁰這兩個問題不是同一回事嗎？

5.　　　在最好的情況下，世間的「治療師」會開始反問「治癒」的意義，認出心靈才是疾病之源。²但他們仍犯了一個基本錯誤，即相信心靈能「治癒」自己。³這一信念在接受「錯誤有程度之分」的世界裡不乏擁護者。⁴那種「治癒」必然只有一時之效，其他疾病很快就會起而代之；因為人們在了解愛的真諦以前，是克服不了死亡的。⁵若非上主聖言的啟發，誰能了解這一道理？而上主已將此聖言託付聖靈而轉贈於你了。

6.　　　所有的疾病都可以界定為這種自我概念所引發的後遺症，它視自己軟弱無能、不堪一擊、邪惡無情、草木皆兵，因此隨時需要自衛。²如果自我真是如此的貨色，不論怎麼保護，都會感到愛莫能助的。³因而不得求助於怪力亂神來防衛自我。⁴這些防衛措施一邊得克服自己心目中認定的種種限制，一邊還得打造出一個新的自我概念，才能防止舊有的自我概念死灰復燃。⁵總之，他一旦把錯誤當真了，從此便不能不求助於幻覺。⁶真相便這樣被帶入了幻相，實相反倒成了一種威脅，甚至被視為邪惡。⁷人們開始害怕愛，因為愛代表了實相。⁸這個沒有出路的惡性循環就這樣攔截了救恩的「侵襲」。

7.　　　因此，疾病只是一個有待修正的錯誤而已。²我們先前強調過，我們不能先接受錯誤的「正當性」，然後再對它故意視而不

見，這樣是不會帶來任何修正效果的。³疾病若是眞實的，你就不能視若無睹，因爲只有精神錯亂的人才會視而不見發生在眼前的事情。⁴這正是怪力亂神的用意所在，誤導你的知覺能力，而把幻相弄假成眞。⁵這是不可能療癒任何疾病的，因它與眞相背道而馳。⁶它也許能用某種健康的幻相暫時取代眼前的疾病，但都爲時不久。⁷恐懼不可能永遠藏身於幻相背後，因爲它本身就是幻相的一部分。⁸它既是幻相之源，遲早會掙脫你的控制，改頭換面，捲土重來的。

8.　　　疾病屬於神智失常的狀態，因爲所有的疾病都是心病，沒有程度之別。²把疾病當眞的幻覺之一就是相信疾病有輕重之分，它所構成的威脅也因疾病的種類而有大小之別。³這是一切錯誤的淵藪；所有的疾病都是一種不得已的妥協，甘願承受這一點地獄之苦。⁴這簡直是對眞理實相的侮辱，對上主而言永遠是不可思議的事。⁵但是神智失常的人對此堅信不疑，因爲他們早已神智失常了。

9.　　　瘋狂的人必會爲自己的幻覺辯護，因爲那些幻覺對他們已成了一種救恩。²因此，他會攻擊任何企圖將他由幻覺中救拔出來的人，認爲對方侵犯了他。³「攻擊─防衛」這種怪異的循環，是心理治療師最難處理也必須處理的問題。⁴事實上，這是他的重點任務，也是心理治療的核心。⁵病患會認爲治療師侵犯了自己珍愛之物，那寶貝就是病患的自我形象。⁶由於這幅形象已成了病患心目中的避風港，他必會把心理治療師視爲切身的威脅，隨時加以反擊，甚至不惜將他滅口。

10.　　　因此，心理治療師的任務艱鉅。²他必須以不還擊來回應病患的攻擊，也就是放下自己的防衛措施。³他有責任向病患示範，防衛是不必要的措施，不設防才是眞正的力量。⁴如果他自己想學到「神智清明才是眞正的保障」這一課，他必須教人明白其中的道理。⁵我們必須再次強調，神智失常的人必然認定「正常」比「瘋狂」更爲可怕。⁶這是由「原罪」衍生出來的邏輯，它不僅相信罪咎的眞實性，而且視之爲天經地義之事。⁷因此，心理治療師的任務就是教病患看出罪咎的虛妄不實，不足以置信，⁸也不會帶給人任何保障。⁹治療師必須幫病患看出罪咎既不眞實又不足取。

11. 救恩的唯一信條，也是所有心理治療的目標。²就是幫助神智失常的心靈卸下它不勝負荷的罪咎，療癒工作便完成了。³身體不是被「治癒」的。⁴你只是認清了身體是怎麼一回事。⁵一旦看清這一點，你就不難了解身體的存在目的了。⁶那麼誰還會想要生病？⁷只要作出這一改變，一切就會隨之而改變的。⁸你無需經歷複雜的轉變過程。⁹你無需冗長的心理分析，或四處訪賢問道。¹⁰真理其實非常單純，它千古不變，萬世不移。

## 五. 療癒的過程

1. 真理雖然非常單純，然而，對於已經迷失在錯綜複雜的迷宮裡的人，卻成了他亟需學習的課程。²人生是個大幻相。³這幻相大得令人不得不相信，自己必須掌控住那不可知的一切才有安全可言。⁴這一詭異信念假定了幾個前提，全都隱藏於潛意識之下。⁵首先，它讓人相信，他必須戰勝某些勢力，才有存活的機會。⁶接下來，它又讓人相信，若要控制那些勢力，似乎只有一計可施，就是膨脹自我意識，將自己的真實感受隱藏於暗處，而設法把那些幻相供在明處。

2. 請記住，向我們求助的人，心中常懷著難以言喻的恐慌。²他們認為有益的事，其實對自己有害而無益；他們認定有害之物，對他們反倒有益而無害。³除非治療師能說服病患逆轉他對世界以及自己的曲解，否則心理治療不可能有任何進展的。⁴真理非常單純。⁵然而，對那些飽受真相威脅的人，這正是他們必修的課程。⁶至於那些深感威脅而發動攻擊的人，最需要學的就是「不設防」，這一課會幫他們找到真實的力量。

3. 完美而理想的世界才會有完美而理想的心理治療。²然而，世界果真如此理想的話，心理治療也就英雄無用武之地了。³說到理想的教誨，我們應知，完美的教師是不可能久留人世的；完美的心理治療師也只是那「不可思議」之念的靈光一現而已。⁴但我們在能力所及的範圍內，仍然可以談談如何幫助神智失常的人。⁵只要他們還有病，我們就能夠幫助，也必須幫助他們。⁶這是我們對心理治療師的唯一要求；只要他盡力而為，就不愧治療師之名了。⁷因為上主親自把他的弟兄託付給他，讓弟兄成為幫他由世界解脫的「救世主」。

4.　　療癒是神聖的。²世上沒有比向求助者伸出援手更神聖的事了。³這一努力必會拉近雙方與上主的距離，不論他的意向多麼有限，多麼缺乏誠意。⁴只要兩人爲了療癒而同心協力，上主就會臨在他們中間。⁵祂保證會在眞理內聆聽且予以答覆的。⁶他們可以放心，上主會親自指導療癒的進行，因爲那是出自祂的旨意。⁷當我們試著幫助弟兄時，祂的聖言必會指引迷津。⁸願我們別忘了，憑自己之力，我們一無所能；我們必須仰賴祂的大能，越過自己短淺的目光，才會明白自己究竟該教什麼與該學什麼。

5.　　每個求助的弟兄所帶給我們的恩賜之大，絕對超乎我們的想像。²他來此世，即是爲了帶給我們救恩，爲我們扮演基督與救世主的角色。³他的要求其實就是上主藉著他而向我們提出的要求。⁴我們爲他做的任何事情，也成了我們獻給上主的禮物。⁵上主的聖子在他誤以爲的困境裡所發出的神聖求助，只有他的天父才能答覆。⁶然而，上主需要某個聲音爲祂說出自己的聖言，祂需要藉助某人的援手，去觸動聖子的心靈。⁷在這一過程中，怎麼可能有人得不到療癒？⁸這神聖的互動本身就是上主的救恩計畫，也成了上主之子得救的途徑。

6.　　因爲他們兩個人已經結合了。²上主終於實現了祂的許諾。³病患與治療師自身的限制再也影響不了大局，療癒已經開始發生作用。⁴然而，他們必須先起一個頭，天父才能接手完成。⁵祂只要求一個小小的願心，最起碼的一步，他們只需以最輕的聲音說出祂的聖名。⁶不論他們以哪一種方式求助，一定都是向上主求助。⁷而祂也會透過一位最能幫助上主之子當前處境的心理治療師代祂答覆。⁸即使那答覆看起來一點都不像天賜的禮物，⁹甚至可能弄巧成拙。¹⁰然而，願我們不再根據外在的結果而妄加判斷。

7.　　上主所賜的一切禮物，一定會在某處發生效用的。²人間沒有一刻努力是白費的。³也沒有人要求我們的療癒動機必須完美無瑕。⁴如果我們認爲某人需要療癒，就表示我們已被蒙蔽了。⁵我們才需要那位好似與我們一樣在作生病之夢的人，幫助我們看清眞相。⁶因此，讓我們來幫忙寬恕他詛咒自己的莫須有之罪名吧！⁷他的療癒便成了我們的療癒。⁸當我們看到他的無罪本質穿透上主之子臉上那層罪咎面紗而大放光明時，我們就會在他臉上看見基督的聖容，而且明白那正是我們自己的本來面目。

8. 願我們靜靜地站在上主的旨意前，著手祂指派給我們的任務。²只有這一條路能把我們領至一切夢境的起點。³也只有在那兒，我們才能放下所有的夢境，在平安中飄然遠去。⁴仔細聆聽弟兄的求助，眞誠地答覆他吧！⁵你其實是在答覆上主，因爲向上主求助的其實是你。⁶除此之外，沒有其他方法能幫你聽見祂的天音。⁷除此之外，沒有其他途徑能幫你找回上主之子。⁸除此之外，也沒有任何方法恢復你的圓滿自性。⁹療癒是何等神聖的事，上主之子必須乘著它慈愛的翅膀，才能返回天堂。¹⁰因爲療癒透過上主的天音告訴了他，自己所有的罪已被寬恕了。

## 六. 療癒的定義

1. 因此，心理治療的過程可以簡單地界定爲寬恕的過程，因爲沒有一種療癒離得開寬恕的。²不寬恕者即是有病之人，因他必會認爲自己不可寬恕，³因而緊抓著罪咎不放，視之爲護身符，指望它慈愛的保護，警覺地防衛……，這一切反應其實都是拒絕寬恕的可悲之舉。⁴病人一邊哀悼失落之苦，一邊卻樂此不疲，這等於再三警告上主：「上主止步！」⁵唯有當病人開始聽到自己所唱的輓歌，敢反身質問它的眞正用意時，才有療癒的希望。⁶然而他必須先親耳聽到，才會聽出那輓歌哀悼的竟是自己。⁷聽到那首哀歌，才算是踏出了康復的第一步。⁸反身質問，成了康復的一種決定。

2. 人們有一種強烈的傾向，就是只能忍受這死亡之歌片刻，然後就當作沒這回事，因而錯失了修正的機會。²那片刻的覺知其實爲我們提供了「改變生命曲調」的一個大好機會。³我們才可能聽到療癒之聲。⁴但我們必須具備質疑那定罪之歌的「眞相」的願心。⁵因爲我們假造出來的自我概念裡含有一種詭異的扭曲能力，會把醜陋的聲音變得極其美妙。⁶使那嘈雜刺耳的噪音落於人的耳中，猶如「宇宙的旋律」、「天使的歌聲」。

3. 耳朵只能爲聲音解碼，它不會聽。²眼睛只會複製影像，它不會看。³它們的功能就是把人心所欲之物轉爲一種可接受的形式，不論它原本多麼令人難以接受。⁴它們只是配合心靈的決定，將它所欲之物複製出來，而且轉譯爲一種易於接受且賞心悅目的樣子。⁵有時，它外在的形象確實透露了背後的初衷；然而，轉

眼間，心靈便開始害怕，甚至懷疑自己的心智是否正常。⁶但它仍不允許自己的爪牙改變它們所看到的形象、所聽見的聲音。⁷因為那一切已成為證明自己還沒瘋狂的保鏢或解藥。

4. 人的感官所找來的外在證據只有一個目的，就是為他提供攻擊的藉口，使他再也看不見自己內心不寬恕的真相。²一般人很難赤裸裸地面對這一真相的。³不寬恕的心就是倚賴外在證據的支撐才能存活下去。⁴這正是一切疾病最愛玩的把戲，不讓病人認清背後的真相。⁵只要不寬恕的心態不被識破，它就能千變萬化，轉為另一個東西。⁶於是，那「另一物」遂顯得極其恐怖。⁷然而，真正需要治療的不是那個「另一物」。⁸生病的不是它，因此，它無需任何解藥。⁹你若把治療的功夫耗在它身上，必然枉費功夫。¹⁰有誰能「治癒」那根本不會生病之物而幫它康復？

5. 疾病會化身為種種形式，不寬恕的心也是如此。²一種病態必會衍生為另一種病態，因它們是同一個幻相。³不論它們如何轉型，始終互通聲息；你只需仔細分析一種疾病，就不難指認出它背後的不寬恕之心。⁴然而，看出這一點，還不足以「治癒」它。⁵你還需認清，只有寬恕能夠療癒不寬恕，也只有不寬恕才會滋生出這些疾病。

6. 心理治療的最終目標就是幫人徹底明白這一點。²如何才能達到這一目標？³治療師必須先在病患身上看到自己內在的不寬恕，給自己一個勇於面對、重新評估，然後寬恕自己的機會。⁴他若能作到這一點，便不難看見自己的罪已隨著過去而一逝不返了。⁵在那之前，他必會隨時隨地感到某種邪惡勢力正伺機攻擊。⁶於是，病患成了反映出他的罪的一塊投影板，他才有機會放下自己的一切罪過。⁷只要治療師還會在此人身上看到一點罪的痕跡，他最多只能獲得片面的解脫，而且疑慮叢生。

7. 沒有人能夠單獨獲得療癒的。²這是救恩向所有聆聽天音之人所吟唱的歡樂之歌。³凡是自命為心理治療工作者，應該隨時牢記這一句話。⁴他們必須把病患視為寬恕的使者，因為仍然相信罪的存在而且習慣著眼於罪的人，有待這些病患幫他們認出彼此的無罪本質。⁵如果治療師能夠在病患身上看到而且接受那些無罪的證據，等於為雙方心靈締結一個盟約，他們在此盟約下相遇、結合，回歸一體的生命。

# 七. 病患與心理治療師之間最理想的關係

1. 　　那麼，誰是心理治療師，誰又是病患？[2]究竟來講，每個人同時扮演了這兩種角色。[3]凡是自身有待療癒的人都必須療癒別人。[4]醫生，治癒你自己吧！[5]此外，還有誰能治療？[6]還有誰需要治療？[7]每位病患都給了治療師一個自我療癒的機會。[8]於是，病患成了他的治療師。[9]每位治療師也必須由眼前的病患學習療癒之道。[10]於是，治療師反而成了他病患的病患。[11]上主對分裂或對立心態一無所知。[12]祂只知道一件事，就是：祂只有一個聖子。[13]病患與心理治療師最理想的關係亦需反映出這一真理。[14]上主會應求助之聲而來，求助者便在上主內認出了自己的神聖面目。

2. 　　教師與治療師，請仔細想一想：你究竟在為誰祈禱，究竟是誰需要療癒？[2]心理治療其實就是一種祈禱，而療癒則是它的功效與目標。[3]當兩顆心靈結合在一起歡迎基督來臨時，這種關係不就是最道地的祈禱嗎？[4]它成了基督的家園，心理治療迎請基督進入這一關係中。[5]「治癒」一種外在症狀究竟有何意義？他隨時都可能選擇另一種疾病。[6]唯有基督進入這一關係後，你才有了真正的選擇，就是請祂留步。[7]這是你唯一需要做的事，因為一切都包含在這一選擇內了。[8]療癒即在其中，幸福與平安也在其中。[9]它們從此成了病患與治療師之間理想關係的「症狀」，全面取代了病患先前所有的病徵。

3. 　　建立這種關係是需要一段過程的，治療師需在他的心中告訴病患，他的一切罪過已同自己的罪過一併寬恕了。[2]這麼說來，療癒與寬恕究竟有何不同？[3]唯有基督自性具有寬恕的能力，因祂了知自己的無罪本質。[4]祂的慧見一旦治療了人的知見，疾病便會一逝不返。[5]如此方能根除疾病之因，讓它永不復發。[6]然而，這需要非常資深的治療師協助才行，因他知道如何與病患締結神聖關係，所有的分裂意識便在這關係內獲得了療癒。

4. 　　若要達此境界，只有一個條件，也是唯一的條件：治療師絕不可以把自己與上主的角色搞混了。[2]這是所有「尚未療癒的治療師」常犯的根本失誤，只是花招不同而已，因為他們認為自己是出於自我的創造，而非上主的創造。[3]很少人覺察得出這一混淆與偏差，否則，那尚未療癒的治療師早就轉變為上主之師，而且

獻身於道地的療癒工作了。⁴在他獲得療癒之前，必會以爲整個治療過程操縱在自己的手裡，因此也該爲治療的成效負責。⁵於是，病患的錯誤便成了他自己的失敗，罪咎會鋪天蓋地地罩住了基督的神聖本質。⁶凡是靠自己的判斷而作決定的人，罪咎是勢所不免的。⁷凡是只願爲聖靈發言的人，心中是不可能有罪咎的。

5.　　心理治療的眞正目的就是消除人的罪咎，這顯然也是寬恕的目標。²兩者的同一性在此昭然若揭。³只要治療師感到自己負有指導弟兄之責，他是不可能擺脱罪咎的糾纏的。⁴那種責任感假定治療師具備了他不可能擁有的眞知能力，對過去、現在與未來的三世因果都會了然於心。⁵只有全知全能的人才可能勝任這一角色的。⁶然而，沒有一種知見是全知全能的；有如滄海一粟的自我，除非瘋了，才可能妄稱自己具備了這一智慧。⁷但是，許多心理治療師確實變得如此狂妄。⁸尚未療癒的治療師的神智是不可能全然正常的。

6.　　然而，不接受上主指派的任務，與自創一個非祂所賜的任務，都是同樣的瘋狂之舉。²資深的治療師絕不會懷疑自己擁有的能力。³他也不會懷疑這能力的眞實源頭。⁴他了解，自己擁有天上人間的一切權能，是基於自己的生命實相。⁵而他的生命實相又源自他的造物主；上主的愛就在他內，而祂是不會失誤的。⁶上主親自賜給了他一切，要他與人分享這個禮物；切莫輕忽了這話的深意。⁷他的病患原是上主眼中的聖者，爲了尋回自己的神聖性，他向治療師的神聖性求助。⁸當治療師還給他這一神聖性時，病患就會看到基督燦爛的面容反照於自己的臉上。

7.　　神智瘋狂的人視自己爲神，毫不遲疑地將軟弱無能投射於上主之子身上。²爲此之故，他們才會爲自己在上主之子身上看到的脆弱而惶恐不已。³尚未療癒的治療師一定很怕自己的病患，他會因爲自己的叛逆而開始猜忌對方。⁴他仍會努力地治療別人，有時也會有一點效果。⁵然而，他的成效極其有限，而且只是一時的。⁶因爲他看不見求助者心內的基督。⁷他離眞理如此之遠，智慧如此貧乏，又沒有任何神明可求助，他能給這看起來那麼陌生的人什麼答覆？⁸試著在他內瞻仰你的上主吧！因你在他身上看到什麼，那就是上主給你的最終答覆。

8.　　先想一想兩位弟兄同心協力的眞正意義。²然後就把世界以及

它所有微不足道的戰果和死亡之夢一併遺忘吧！³它們全是同一回事，那充滿罪咎的世界如今已不復記憶。⁴平凡的屋舍變成了神聖的道場，所有的病態夢魘都從那美如星河的街道悄悄地流逝了。⁵療癒的任務在此告終；因為完美之物，無需療癒；無罪之物，又何需寬恕？

9.　　　心理治療師，你該感恩才對，因為你一旦明白了自己的任務，就會親眼目睹上述的美景。²你若認不出自己的任務，就等於否定上主創造了你，也不可能知道自己是祂的聖子了。³那麼，你眼前的弟兄又是誰？⁴還有什麼聖人能夠領你回家？⁵你自己一旦迷途了，⁶怎能期待在他身上認出自己所拒絕給予的答覆？⁷療癒他人，同時接受療癒吧！⁸此外，沒有任何途徑能領你抵達平安之境。⁹啊！讓你的病人進入你心中吧，因為他是上主為你派來的使者。¹⁰他的神聖性難道還不足以喚醒你對上主的記憶？

# 參 . 心理治療的行業

## 一 . 選擇病患

1. 　　上門來的每一個人，都是你的病患。²這並不表示你選了他，也不表示你能決定哪種治療最適合他。³這只說明了，上門的沒有一位是誤闖進來的。⁴上主的計畫不會有任何失誤。⁵然而，你若以為自己知道每位叩門者需要什麼，那你就錯了。⁶這不是你能決定的。⁷你也可能以為你隨時得為那些上門的人作些犧牲。⁸絕非如此。⁹要求你作犧牲，無異於要求上主犧牲；在上主心目中是沒有犧牲這一回事。¹⁰誰能要求「圓滿的生命」變得不圓滿？

2. 　　那麼，誰有能力決定弟兄需要什麼？²絕不是你，因你連那求助者的真面目都認不出來。³他內有「一物」會親自告訴你，只要你肯聆聽。⁴答案就在他那裡，好好地聽吧！⁵不要亂下命令，自作主張，也用不著你犧牲。⁶聽吧！⁷你會聽到他真正的心聲。⁸上主若不確定你能認出弟兄的需要，祂豈會將自己的聖子送上門？⁹想一想上主對你說的話，祂需要你的聲音代祂發言。¹⁰還有什麼比這更神聖的事？¹¹還有什麼比這更大的禮物？¹²你究竟願意聆聽內心的上主之聲，還是去聽自己找來的神明？

3. 　　病患甚至無需親自上門，你仍然能夠因上主之名而為他服務。²你常忘了，上主不會讓祂的恩賜只限用於你眼前那幾個人身上。³你會看到其他人的，因為「看」並不限於肉眼之見。⁴有些人未必需要你具體的臨在。⁵只要是上主送上門的人，都有待你的協助，甚至比眼前的人更加需要。⁶不論你是以何種方式認出他們，都會帶給你們最大的益處。⁷至於他們經由何種管道出現，並不重要。⁸上主會以最有益的方式把病患送到你面前，也許透過一個名字、一個念頭、一張圖片、一個觀念，或是你在某一刻對某人的直覺。⁹你們的相會操之於聖靈之手。¹⁰祂一定不負眾望。

4. 　　有一件事是神聖的治療師以及資深的上主之師不敢掉以輕心的，他絕不自訂救恩的課程，也不為自己指派任務。²但他了解自己的角色是整個計畫不可或缺的一部分，他得先完成自己的那份任務，才會認出救恩計畫的全貌。³他必須不斷地學習，而他

的病患正是為了玉成他的學習而來的。⁴為此，治療師對病患豈能不懷感恩之心？⁵病患帶著上主前來。⁶治療師豈會為了微不足道之物而拒絕上主的大禮？他豈會歡迎虛無的魅影而將世界的救主關在門外？⁷願他別再背叛上主之子了。⁸雖然他尚不明白向他求助者是何許人物。⁹他仍然能夠回應對方的求助，並藉此聽見且明白了那是他自己的求助之聲；他豈能不為此而額手稱慶？

## 二. 心理治療是否是一種職業？

1.　　嚴格地說，不是。²它所牽涉的每一個人都發揮了作用，怎能算是一門獨立的職業？³每個人在這治療關係中既是病患又是治療師，你豈能用任何標籤來限定這一互動關係？⁴然而，從現實層面來講，我們還是可以說，確實有些人把療癒工作當成此生的專職。⁵而向他們求助者也不乏其人。⁶這就是世上所謂的心理治療行業了。⁷他們可稱為「正式」的輔導人員。⁸他們的專業也足以答覆病患的特殊需求，然而，除此之外，他們更可能是一位優良的教師。⁹這些人當然不受職場規範所限，但有些時候還是需要他們把療癒的普遍原則示範於具體案例上。

2.　　首先，專業治療師的身分最能為人示範「療癒沒有難易之分」的事實。²為此，他需要特殊的訓練，因為在心理治療的培育課程中，可能很少甚至根本不教導真正的療癒原則。³它所教的還很可能與療癒宗旨背道而馳。⁴世間的培訓課程非常強調評估，它們要把心理治療師塑造成一位判官。

3.　　連這種治療師，聖靈都能加以善用，只要他肯向聖靈表示一點歡迎之意。²本身尚未療癒的治療師有時會表現得相當傲慢、自私、漠不關心，甚至骨子裡很不誠實。³他可能根本沒把療癒當作首要目標。⁴然而，只要他決心成為一位療癒工作者，不論他的方向產生多大的偏差，他仍可能經驗到某些東西，即便多麼微不足道。⁵只要有那一點「經驗」，就夠了。⁶那小小的經驗總有一天會發酵、茁壯；總有一天，治療師會被一位病患觸動，而向他發出無聲的求助。⁷就這樣，他為自己找到了一位治療師。⁸就這樣，他祈求聖靈進入他們的關係中而獲得了療癒。⁹就這樣，他「親自接受了救贖」。

4.　　　創世記中有一句話：上主看了祂所創造的一切，認為很完美。
²不，是祂先宣告造化的完美，造化才成為完美的。³祂的造化既
然永恆不易，如今必然依舊完美無缺。⁴然而，人間不可能有完
美的心理治療師或完美的病患的。⁵他們必然早已否定了自己的
完美性，如今才需要彼此來彌補自己的缺陷。⁶一對一的關係並
不等於「一體」的關係。⁷然而，它卻是回歸「一體」的途徑，
也是上主為聖子選定的回歸之路。⁸人生夢境如此詭異，它的修正
策略也不可能不詭異的，否則便不足以喚醒人心了。⁹這不也是
心理治療的宗旨所在？¹⁰快快樂樂地醒過來吧，因你所有的罪過
都被寬恕了。¹¹這是所有病患與治療師應該帶給彼此的訊息。

5.　　　每次會晤都會為病患與治療師帶來某種益處。²那個益處會被
妥善保存起來，直到他們有一天恍然大悟，他們的關係裡只有那
一部分才是真實的。³那個益處就會在聖靈的祝福下回到他們心
中，成為造物主的禮物與聖愛的象徵。⁴因為凡是具有療癒性的
關係，必然師法天父與聖子的關係。⁵此外沒有其他的關係，因
為此外沒有任何東西。⁶人間的治療師無意建立這類關係，即使他
們想要建立這類關係，大部分的病患也不會接受他們的協助的。
⁷其實也沒有一位治療師真想與病患建立某種關係，而把自己牽
扯進去的。⁸他必須認清這一事實，才算了解心理治療，然後以此
為起點，重新出發。

6.　　　療癒必須等到心理治療師忘記評估自己的病患之時才會來
臨。²即使有些治療關係並未達到這一地步，但病患與治療師仍
會在治療過程中慢慢改變自己的夢境。³由於他們仍是同床異夢，
因此那還不是寬恕之夢，不足以喚醒他們。⁴但是，美好的那一
部分會保留下來，值得珍惜。⁵這種治療關係只能為他們省下一
點時間。⁶新的夢境很快就會失去它們的魅力，轉為恐懼之夢；
所有的夢境都是這麼一回事。⁷病患準備好接受多少，他就只能
接受這麼多；心理治療師相信自己擁有多少，他也只能給出那麼
多。⁸因此，所有的關係在世上都有存在的價值，而且會帶給我
們恰如其份的益處。

7.　　　然而，治療師必須先放下自己的評判，才有療癒的可能。因
為唯有如此，人們才會了解「療癒沒有難易之分」。²已經療癒的
治療師必然了解這一點。³他已明白，由此夢中喚醒弟兄不會比
另一夢更難。⁴然而，沒有一位專業治療師能在心中堅守這一信

念，且能一視同仁地運用於所有病患身上。⁵世上有一些人已經相當接近這一境界了，但他們卻選擇留在世上，而不完全回歸恩典之境，好使他們的了悟得以長存人間，直到世界末日。⁶他們不該被稱為專業治療師。⁷他們其實是上主的聖者。⁸他們是世界的救主。⁹他們的形象常存人間，這是他們的選擇。¹⁰他們願取代其他的偶像，給世界一個仁慈的夢。

8. 專業治療師一旦明白心靈原是一體相通的，療癒的難易之分對他就顯得毫無意義了。²但在他還未完全抵達這一境界以前，仍有好一段路要走。³一路上，他會經歷無數的「神聖一刻」。⁴目標始終屹立於旅程的盡頭，而非它的起點；每達到一個目標，下一個目標便依稀可見。⁵大部分的專業治療師仍盤桓在旅程第一階段的起始之點。⁶即使有些治療師開始明白該如何進行，仍可能抗拒不前。⁷但他們也可能在一瞬之間便領略到所有療癒原則的竅門。⁸唯有在夢裡，這段旅程才會顯得遙遙無期。

9. 專業治療師可說是近水樓台，只要用之得法，便能幫人省下無量的時間。²但他所選擇的這一條路，也很容易妄用了自己的角色。³他若拒絕誘惑，不再扛下原本就非屬自己的任務，他必能迅速跨越平安道上的種種障礙。⁴他若想了解療癒沒有難易之分，必須同時認清自己與病患的平等關係。⁵在這事上，他不能模稜兩可。⁶他們不是平等，就是不平等。⁷心理治療師在這方面所玩的花招可說是無奇不有。⁸有些治療師會利用治療關係，招來一堆形體到他們的廟裡頂禮膜拜，卻自認為是在療癒他們。⁹也有不少病患把這種畸形的互動關係視為救恩之所在。¹⁰縱然如此，那一位「導師」仍會藉著他們每一次的會晤，這樣循循善誘：「我的弟兄，重新作個選擇吧！」

10. 請記住，任何一種特殊性都需要你的保護，也會受到你的保護。²唯有不設防的治療師才可能肩負上主的大能；習慣自我防衛的治療師，表示他看不到救恩的真正源頭。³他既看不見，也聽不著。⁴那麼，他怎能教人？⁵然而，只因上主的旨意讓他在救恩計畫中扮演這個角色。⁶只因上主的旨意要他幫助病患與他結合於此。⁷因此，他的視而不見、聽而不聞，絲毫限制不了聖靈的工作。⁸除非是在時間領域之內。⁹在時間領域內，給出救恩與領受救恩之間，是可能耽擱很久的。¹⁰這就是我們所說的「罩在基督聖容上的面紗」。¹¹然而，這至多只是一個幻相而已，因為時

間並不存在，而上主旨意是千古不易的。

## 三 . 付費的問題

1.　　沒有人付得起心理治療的代價，因為療癒屬於上主的事，那是無價的。[2]然而，聖靈會善用人間的一切資源來推展這一療癒計畫，這是上主的安排。[3]不論多麼資深的心理治療師，只要活在世上，難免會有世俗的需求。[4]他若需要金錢，他就會得到；那不是一種酬金，只是讓他能夠順利地完成上主的計畫而已。[5]金錢並非邪惡。[6]它什麼也不是。[7]但世上沒有一個人能不靠幻相而活，而治療師的任務則是幫助世上每一個人接納人間最後一個幻相。[8]他為此而來到人間，且在此任務中扮演重要的角色。[9]他也為此而留在人間。[10]在他逗留人世的期間，他會得到生存所需的資糧。

2.　　只有尚未療癒的治療師才會為了金錢而治療；他對金錢重視到什麼程度，他的療效就會受到多大的限制。[2]他自己也無法在這過程中獲得療癒之效的。[3]聖靈會要求某些人為這救恩目標付些費用。[4]也有些人，祂不要求付費。[5]這決定權不在治療師的手裡。[6]「付費」與「代價」的意義有所不同。[7]按照上主的計畫而付費，稱不上是付出代價。[8]該付費時卻吝惜不給，那種代價可高了。[9]懷此心態的治療師不配稱為療癒者，因他根本不懂療癒的意義。[10]他既給不出療癒，當然也得不到療癒了。

3.　　世俗的治療師對世界的救恩確實一無所用。[2]他們有所求，故無法真正地給。[3]病患只是為他們所交換的幻相而付費。[4]為此，「費用」是少不了的，而且「代價」還挺高的。[5]「買來」的關係不可能帶來療癒所要給人的唯一禮物。[6]聖靈的唯一夢境——寬恕，則是無價的。[7]若要求代價，就等於再度把上主之子釘在十字架上。[8]他怎麼可能由此而獲得寬恕？[9]罪的夢魘豈會因此而結束？

4.　　生存是天賦的權利，無需奮鬥爭取。[2]那是上主親自保證過的恩許。[3]因此也是治療師與病患共同享有的權利。[4]不論是張三滿足了李四的需求，還是李四彌補了張三的匱乏，都可能為他們建立神聖的關係。[5]他們的關係在給予中聖化了，雙方也由此獲

得了療癒。<sup>6</sup>治療師以感恩之心回報病患，病患也以同樣心態回報治療師。<sup>7</sup>這對雙方都是無價之寶。<sup>8</sup>他們也應感謝自己終於擺脫了漫長的自囚與疑慮。<sup>9</sup>有誰能不為這一禮物而感恩？<sup>10</sup>有誰會幻想這是可能用錢買到的恩典？

5.　　　福音中有這麼一句話：「富有的，還要給他更多。」這話說得真好。<sup>2</sup>因為他有，所以能付出。<sup>3</sup>因為他的付出，他得到更多。<sup>4</sup>這是上主的天律，而非人間法則。<sup>5</sup>這正是上主的療癒工作者的寫照。<sup>6</sup>他們能給，不只因為聽到了上主的聖言，且已領悟了其中的深意。<sup>7</sup>因此，不論他們需要什麼，上天都會賜給他們的。<sup>8</sup>但他們必須記得，這一切都來自上主，否則他們就會失落先前的領悟。<sup>9</sup>只要他們還認為自己需要由弟兄那兒爭取任何東西，他們就再也認不出那是自己的弟兄了。<sup>10</sup>一旦如此，連天堂裡的一線光明都會黯然失色。<sup>11</sup>因為上主之子開始與自己為敵，他之所見，不可能不黑暗。<sup>12</sup>因他親自否定了光明，從此喪失了看的能力。

6.　　　治療師只需謹守一條規則：沒有一個人會因為付不出費用而被他拒於門外。<sup>2</sup>不論誰被送到誰的門前，都不是偶然。<sup>3</sup>人與人的關係一向有它特殊的目的。<sup>4</sup>在聖靈進入這關係以前，即使雙方各懷鬼胎，別有企圖，這關係仍然可能成為聖靈的道場，基督的安息之所，上主的家園。<sup>5</sup>不論來者是誰，都是上天送來的。<sup>6</sup>即使他上門，只是帶給他弟兄所需要的金錢。<sup>7</sup>雙方仍會因此而蒙受祝福。<sup>8</sup>也許他上門，是為了教治療師看出自己多麼需要寬恕，讓他看出金錢與此禮物相比實在不足掛齒。<sup>9</sup>他們雙方都會蒙受祝福。<sup>10</sup>單從費用的角度來看，這人可能比那人多得一些。<sup>11</sup>若由互惠的角度來講，每個人都會獲得同樣「無價」的祝福。

7.　　　上述的「付費」觀點也許顯得很不實際，在世俗的眼中確實如此。<sup>2</sup>然而，世俗的想法沒有一個是真正實際的。<sup>3</sup>一味追求幻相又能帶給人多大的益處？<sup>4</sup>把上主拋到九霄雲外又會帶給人多大的損失？<sup>5</sup>人可能拋棄上主嗎？<sup>6</sup>追求虛無之物，去做不可能成功的事，才是最不實際的事了。<sup>7</sup>何不靜止片刻，深思一會兒：你是不是一直為了救恩踏破鐵鞋卻無個覓處？<sup>8</sup>其實，向你求助的那一位就是前來為你指路之人。<sup>9</sup>此外，你還能期待什麼更大的禮物？<sup>10</sup>此外，你又能給出什麼更好的禮物？

8.　　　醫生、療癒者、治療師、教師們，請先療癒自己吧！²你只要下定決心，許多人都會爲你帶來療癒之禮的。³聖靈從不拒絕邀請，祂深願來此與你同在。⁴祂會賜給你無數的機會，爲你開啓救恩之門，因這正是祂的任務。⁵不論何時何地，祂都會不厭其煩地爲你指出任務之所在。⁶凡是祂指派給你的，都會找上門來，向他的神聖「道友」伸出自己的手。⁷願你內在的基督歡迎他的來到，因爲他也懷有同一基督。⁸拒絕讓他進入你的心內，等於拒絕你內在的基督。⁹別忘了人間可悲的故事，也別忘了救恩可喜的訊息。¹⁰別忘了上主爲你帶回喜樂與平安的救恩計畫。¹¹更別忘了上主之路就是如此的單純：

　　¹²你已迷失於無明的世界，直到你開始祈求光明。¹³於是，上主派遣了祂的聖子，爲你帶來了光明。

# 頌 禱

## 祈禱、寬恕與療癒
### 奇蹟原理的延伸教材

心靈平安基金會

# 目　錄

## 頌禱—祈禱、寬恕與療癒

# 壹．祈禱

## 前言

1.     祈禱是上主創造聖子之際賜給他的最大祝福。²自那一刻起，它就成了造物主與受造物之間互通聲息的唯一聲音；它是聖子獻給天父的頌歌，也是天父還報聖子的感謝。³他們永恆不渝的愛和諧地共振，歡悅地共鳴，而且無遠弗屆。⁴上主的造化在此聖愛中不斷地推恩。⁵上主也透過聖子向自己的創造致謝。⁶而聖子藉天父之名繼續創造，並向他的創造獻上感恩之歌。⁷當時間一結束，祂們之間的愛便成了唯一的禱聲，響遍永恆。⁸這原是時間幻相出現以前的真相。

2.     當你還滯留於時空世界裡，祈禱的形式自然得配合你的需求。²其實，你只有一個需求。³凡是被上主創造成「一個」的生命，必須認出自己是不可分割的整體，你應慶幸那看來四分五裂的幻相在上主天心中永遠是一個生命。⁴因此，上主之子必須藉助於祈禱，才可能放下個別的目標與個別的利益，懷著神聖的喜悅，奔向天父與自己的一體真相。

3.     神聖的上主之子，捨棄你的夢境吧！重新活出上主所創造的你，廢除你心目中的偶像，再度憶起你的上主。²只要你舉心向祂，祈禱必會支撐著你，並祝福你，讓你乘著歌聲的翅膀，不斷向上飛升，最後抵達那超乎上下分別之境。³你對此生的目標也會愈來愈有信心，義無反顧地循著天堂平安之門的光明階梯扶搖而上。⁴這就是祈禱，這也是救恩。⁵這是上天之路。⁶這是上主賜你的禮物。

# 一. 真實的祈禱

1.　　祈禱乃是聖靈幫助我們邁向上主的途徑。²它不僅止於詢問或懇求而已。³你必須先明白祈禱原是無所求的才可能靈驗。⁴否則，祈禱如何完成它原有的目的？⁵你若向偶像祈求，禱聲怎麼可能上達天聽？⁶真實的祈禱必須迴避「有所求」的陷阱。⁷你所能求的，乃是讓自己接受那早已賜你的天恩，願意接受近在眼前的禮物。

2.　　我已說過，不論什麼具體問題，你都可向聖靈祈求；只要你真有此需求，必會得到具體的答覆。²我也曾說過，只有一個問題，故也只有一個答覆。³這兩種說法，就祈禱而言，並無矛盾之處。⁴你在人間必須作出各種決定，縱然那全是幻相，你不可能不作選擇。⁵至於你尚未意識到的需求，沒有人會要求你去接受那一層次的答覆的。⁶因此，關鍵不在於你提出什麼問題，或你是怎麼求的。⁷只要是來自上主的答覆，它必會按照你自認需要的形式來呈現。⁸然而，這最多只能算是聖靈答覆的一個回音罷了。⁹它的主題曲永遠是一首感恩與愛的頌歌。

3.　　因此，你祈求的並非那個回音。²那首頌歌才是你想要的禮物。³為它伴奏的泛音、和音及迴音等，都是點綴而已。⁴在真祈禱中，你只會聽到那首主題曲。⁵其餘的一切都是錦上添花。⁶只因你已先尋求了天國，其餘的一切自然會賜給你。

4.　　祈禱的祕訣就是忘卻你心目中認定的需求。²祈求具體之物的心態，與「先看出對方的罪過，再設法寬恕」如出一轍。³因此，祈禱時，你也應放下心目中的具體需求，一起交託到上主手裡。⁴如此，它們變成了你獻給上主的禮物；你等於向上主說，自己無意在祂面前設置偶像，你唯祂的聖愛是求。⁵那麼除了「憶起上主」，祂還可能給你什麼答覆？⁶你豈能讓那些轉眼即逝的問題或微不足道的建議，取代祂真正的答覆？⁷上主只會給予永恆的答覆。⁸人生枝枝節節的答案早已包含在這個答覆內了。

5.　　祈禱，是一種謙退、放下的心態，是寧靜的聆聽，是愛。²它會幫你憶起自己生命的神聖真相，你不該把它與「有所求」的祈禱混為一談。³愛已經賜給這個神聖生命所需的一切，它還有什麼可求的？⁴你的祈禱其實都是向那個「愛」而發的。⁵祈禱又代表

了奉獻之意，獻出自己，與聖愛合一。⁶此外沒有什麼好求的，因為此外沒有你想要的。⁷你一無所需的那個「空」，成了上主的祭壇。⁸最後它會消失於上主內。

6.　　目前為止，這還不是一般人所能達到的祈禱層次。²尚未抵達此境之人仍需你的代禱，因為他們未必準備好接受自己祈求之物。³請人幫忙祈禱，並不表示你與上主之間還需第三者居中調停。⁴它的意思是，你身旁還有一個人能拉你一把，幫你提升到他的境界。⁵唯有體驗過上主美善的人，才可能一無所懼地祈求。⁶也唯有心無所懼的祈禱，才能上達天聽。⁷不論他身在何處，或化身何種形象，他都能與上主之子相通。

7.　　真祈禱其實是向對方心中的基督祈禱，這等於是獻給祂天父的感恩之歌。²祈求基督呈現祂的本來面目，這不算是「有所求」。³那是你獻給自己的本來面目的感恩之頌。⁴祈禱的大能即在其中。⁵它一無所求，卻無往不利。⁶這種祈禱必能與人共霑天恩，因為它所接受的答覆是為了所有的人。⁷只要你與一位了悟這一真相的人一起祈禱，自會有求必應的。⁸一個具體的問題必會得到一個具體的答覆，至於哪一方得到，並不重要。⁹也許雙方都會得到同一答案，只要你們有此誠心與默契。¹⁰你會得到答覆的，因為你已明白基督同時臨在你們兩人之內。¹¹那才是祈禱的唯一真相。

## 二. 祈禱的階梯

1.　　祈禱是沒有起點也無終點的。²它原是生命的一部分。³它會隨著你的學習與成長而不斷改變形式，直到抵達最終的無相之境，融入與上主交流無礙之地。⁴至於那些「有所求」的祈禱，未必是向上主而發的（通常都不是），甚至與信不信祂都扯不上關係。⁵這一類的祈禱不過是基於缺憾與匱乏而生出的欲望罷了。

2.　　這種因「有所需」而「有所求」的祈禱形式，常帶有濃厚的無力感及自卑感，絕不可能出自深知自己真相的上主之子。²對自己的本來面目堅信不疑的人，是不可能發出這種祈禱的。³同理，對自己的身分感到妾身未明的人，就不得不倚賴這類祈禱。⁴祈禱就像生命本身那樣生生不息。⁵每個人其實都在祈禱，而且一刻不曾停過。⁶不論你求什麼，你都已得到了，因你早已認定

自己需要什麼了。

3. 　　「有所求」的祈禱仍有不少提昇的餘地，世俗的祈禱偏向於修補性，因此它會帶給人不同層次的學習經驗。²你在人間仍能懷著眞誠的信心向上主祈求，即使你未必了解那是怎麼一回事。³那種祈禱通常給你一種相當曖昧而且不確定的自我認同，還會被根深柢固的罪咎搞得面目全非。⁴在這階段，你仍可透過種種形式繼續祈求世俗之物，但你也可以要求「誠實」或「善良」這類恩典，尤其是祈求自己能寬恕所有隱藏在「有所求」心態下的罪咎之源。⁵若非罪咎的作祟，人是不可能感到匱乏的。⁶無罪之人必然一無所求。

4. 　　在這一階段，我們會碰到一些很有意思的矛盾說法，例如「爲你的仇人祈禱」。²它的矛盾不在於文字表面，而在於人們對這句話的詮釋。³當你相信自己有敵人時，你的祈禱就已經受制於人間法則了，那麼你所接收及領受的能力都會大打折扣。⁴而且，你心中若有敵人的話，需要祈禱的其實是你，而且刻不容緩。⁵那一句話究竟何指？⁶它要說的是：爲你自己祈禱吧！願你不再企圖囚禁他的基督，以至於認不出自己的眞實面目。⁷不要背叛任何一位弟兄，否則你等於背叛了自己。

5. 　　敵人象徵著陷於囹圄的基督。²基督不就是你自己嗎？³因此，爲敵人祈禱其實是在爲你自己的自由祈禱。⁴如此，這句話就不再顯得自相矛盾了。⁵它不只重申了基督的一體生命，同時認出祂的無罪本質。⁶如今，這句話顯得十分神聖，因爲它肯定了上主之子在受造之初的眞相。

6. 　　願我們須臾勿忘，不論哪一層次的祈禱都是爲自己而發的。²不論你與誰結合於祈禱之中，你已把他變成了自己的一部分。³那敵人是你，基督也是你。⁴在祈禱徹底聖化以前，它屬於一種選擇。⁵你無法爲他人選擇。⁶但你能爲自己選擇。⁷眞誠地爲你的敵人祈禱吧，因爲你的救恩即在其中。⁸你若能爲自己的罪過而寬恕他們，你也必會得到寬恕的。

7. 　　祈禱乃是領你攀登天堂的階梯。²祈禱到了最高層次，它的轉化與你個人的轉化過程極其相似，因爲祈禱原是生命的一部分。³世上的一切都已拋諸身後，不復記憶了。⁴你一無所求，因你一無所缺。⁵你已徹底認清自己在基督內永恆不變的本來面目，

它千古不易，萬世不朽。6祈禱之光至此不再閃爍不定，它常明不熄。7如今，一無所求的你，好似披上了上主賜給你（也就是祂的聖子）的純潔無罪的外衣；祈禱至此終於恢復了它的原貌。8如今，它已昇華爲一首獻給造物主的感恩之歌，無思亦無言，無欲亦無求。9至此，祈禱才算發揮了它原有的推恩能力。10而上主會爲你所獻的這份禮物稱謝不已。

8.　　每個祈禱都是以上主爲目標，因它徹底超越時空，故不可說是終點。2祈禱也沒有起點，因爲那個目標始終不變。3抵達此境以前，所有的祈禱形式仍屬於幻相之列，因爲我們既未離開過那個目標，何需藉助於任何階梯？4寬恕本身也是一種幻相，在你尚未完全寬恕之前，祈禱成了寬恕不可缺的一環。5祈禱與你的學習過程息息相關，直到你學成爲止。6那時，世界萬物都會脫胎換骨，無瑕可指地回歸上主的天心。7那種無修無學之境，言語道斷，妙不可言。8至於仍活在死亡以及「畏懼上主」幻相內的上主之子，若想重獲心靈的平安，必須先了解祈禱的必經階段。

## 三．爲別人祈禱

1.　　我們說過，祈禱一向是爲了自己，確實如此。2那麼，還需要爲別人祈禱嗎？3如果需要的話，又當如何進行？4「爲別人祈禱」，如果了解正確，確實能幫你撤銷自己投射於弟兄身上的罪咎，讓你看清了傷害你的並不是那個人。5然而，你必須先消除心中視他爲敵人、惡魔或冤家債主這類有毒的念頭，才可能由罪咎中解脫出來。6祈禱就是你的解脫途徑，它的力量會不斷增強，目標也逐步提昇，直到抵達上主那兒爲止。

2.　　在階梯的底層，也就是你最初的祈禱形式，通常不易擺脫嫉妒與敵視心理。2那種祈禱所求的常是報復，而非愛。3看清眞相的人是不可能發出這種祈禱的，它猶如死亡的呼喚，只可能出自死守罪咎而心懷恐懼之人。4那種祈禱是在呼求報復之神，也只有那種神明才會好似回應了他的祈禱。5沒有人可能祈求別人下地獄而不自食其果的。6祈求地獄的人本身一定已經陷入地獄了。7凡是已被寬恕也接受寬恕的人，是不可能發出這種祈禱的。

3.　　爲此，他在這入門階段必須學習的，就是看清了自己是以哪

一種心態祈求便會得到哪一類答覆。²這就夠了。³明白這一點，他便能輕鬆地跨出下一步。⁴下面這句話會帶他更上一層樓：

> ⁵我為弟兄祈求的若是「己所不欲」之物，⁶我已視他為敵人了。

⁷顯然的，如果這人認爲釋放別人對自己毫無價值或好處的話，他是不會踏出這一步的。⁸這一耽擱可能很久，因爲釋放別人會變得像是一著險棋，而非慈悲。⁹對於心懷罪咎的人，大敵當前反似帶給他更多的正面利益；除非他放得下自己臆想出來的益處，否則他是不可能釋放任何敵人的。

4.　　他必須甘心放下這一罪咎，而不是千方百計地隱藏它。²放下罪咎時，不可能不痛的，他在這一階段所釋出的一些善意，有時會讓他陷入極深的恐懼。³因爲恐懼的防衛措施本身就很恐怖，它一旦被人識破，恐懼就會傾巢而出。⁴我們給囚犯的如果只是一種解脫的幻相，對他又有何益？⁵唯有他親眼看到罪咎已消失得無影無蹤了，才算真正擺脫了罪咎的糾纏。⁶然而，他若看不出罪咎原是出於自己，一味想把罪咎藏在別人身上，他怎麼可能認出罪咎已逝的眞相？⁷害怕解脫的人，很難歡迎自由的來臨；還是把敵人當作獄卒比較保險一點。⁸他若釋放了敵人，自己必會更加驚惶失措。⁹他早已成了你的得救之途以及脫咎之計。¹⁰你的畢生精力都投注在這一計謀，一旦要你放下它，必定會引發相當強烈的恐懼。

5.　　此刻，請安靜片刻，回顧一下你上述的心念反應。²別忘了，解鈴還需繫鈴人。³伸出你的手吧！⁴這個敵人是爲了祝福你而來的。⁵接受他的祝福吧！感受一下你的心如何被他開啓，你的恐懼又如何消逝了。⁶不要執著於祝福，也勿執著於那人。⁷他和你同樣都是上主之子。⁸他不是獄卒，而是基督的使者。⁹也讓自己成爲他的基督使者吧！如此，你才可能視他爲基督的使者。

6.　　當你祈求某物、地位、人間的情愛或任何外在的「禮物」時，你其實等於雇用一批獄卒把自己關起來，藉以逃避罪咎的糾纏；然而，很少人能夠看透這一眞相。²你想要用那些東西取代上主的地位，祈禱原有的宗旨便遭到扭曲了。³你渴望什麼，這本身就是祈禱。⁴你無需公開說出來。⁵當你開始追求周邊或次要

的價值時，便已偏離了上主的目標，祈禱反會爲你招敵結怨。[6]即使如此，祈禱的力量仍是不容漠視的。[7]任何人若想尋找敵人，俯拾即是。[8]他必會因此而失落上天賜他的唯一眞實目標。[9]不妨想一想這個代價，切勿掉以輕心。[10]任何別有企圖的祈禱都會讓你失落上主的。

## 四．與他人共禱

1.　　唯有踏入第二階段的門檻，你才可能與人共霑祈禱之惠。[2]在此之前，每個人都在祈求不同的東西。[3]只有當你開始質疑自己爲何敵視別人，而且看透這種行徑背後的理由（即使只是靈光一現），你才可能與人結合於祈禱之中。[4]相互敵視的人必然各懷鬼胎。[5]他們的敵意正源自彼此的別有企圖。[6]別有企圖成了他們的軍火庫，藏怒納恨的堡壘。[7]你應這樣改變自己的心念，若想提昇自己祈禱的境界，關鍵即在於這一念：

[8]願你和我一起攜手並進！

2.　　從此之後，你才可能透過祈禱幫助別人，而且共霑其恩。[2]從這一步起，你攀昇的速度會加快許多，但你還有不少課程有待學習。[3]你的路已經開啓了，而且勝券在握。[4]開始時，即使你們同心祈禱，所求之物仍然可能偏離祈禱的眞正目標。[5]你們仍會聚在一起具體祈求一些東西，這樣，你們只不過打造出一個「同心協力」的幻相而已。[6]絲毫意識不到，當你們在一起祈求某些具體之物時，你們只想要某個「果」，而不要它的「因」。[7]那是不可能的事。[8]因爲沒有一個人能夠只享其果而免受其因的，那等於要求那些非因之因爲他帶來無因之果。

3.　　由此可見，即使同心一意，依然有所不足，他們必須在提出任何祈求之前，先探問一下上主的旨意才行。[2]只有來自「終極之因」的答覆才可能滿全你所有的具體需求，它會將所有的個別心願結合於一個願心之下。[3]具體的願望不外乎想要重複過去某種經驗罷了。[4]渴望重溫過去的賞心樂事（至少感覺不錯的記憶），或是想要擁有他人所愛之物，這些願望所根據的全是過去的幻相。[5]祈禱的宗旨原是幫人由過去幻相的桎梏中釋放出來，活在

當下；因此，祈禱成了另一種自由的選擇，它會爲你解除過去每一個錯誤的選擇。⁶如今，祈禱所帶給你的，遠遠超過你過去不得不退而求其次的選擇。

4.　　　每次祈禱，你都在爲自己選擇一個新生的機會。²這是你當下能由桎梏中解脫的機會，你難道還想把它壓抑下去，或打入冷宮？³不要再爲你的祈求設限了。⁴祈禱會帶給你上主的平安。⁵在這轉眼化爲塵煙的時空世界裡，那些無常之物豈能與上主的禮物相提並論？

# 五. 階梯的盡頭

1.　　　祈禱乃是通向眞謙遜的途徑。²它必會由此基礎緩緩攀昇，在愛與神聖的力量下逐漸茁壯。³願它由塵世中拔地而起，向上主飛奔；眞謙遜最後必會來臨，祝福那些自以爲孤獨地面對世界挑戰的心靈。⁴謙遜帶給人平安，因爲它從不要求你以統治宇宙爲己任，也不會用你的管窺之見來評論萬物。⁵它樂於放下形形色色的偶像神明，誠心誠意而且無怨無悔，因爲他已看清了那些偶像一無所用。

2.　　　幻相與謙遜的目標涇渭分明，且勢不兩立，你不可能在它們之間找到任何交會點。²其中一個出現，另一個就會消失。³眞正謙遜的人，除了上主以外，沒有其他目標，因爲他們不再需要偶像，防衛措施也變得英雄無用武之地。⁴敵人如今已經沒有存在的必要，因爲謙遜從不與人對立。⁵它不必藏身於愧疚之後，因爲它知道自己是由上主旨意中創造出來的，故能安身立命於自己的眞相。⁶它的「無我」便是它的「眞我」或「自性」，當它欣然與每一位上主之子結合時，便會在此交會中看見這個自性，且認出自己與對方共有的純潔本性。

3.　　　如今，祈禱終於提昇到物質、身體以及種種偶像之上了，你終於得以安息於神聖之境了。²謙遜會讓你看到上主之子的榮耀以及罪的傲慢。³你的夢境有如一道面紗，遮蔽了基督的聖容。⁴如今，你總算能仰望祂的清白無罪了。⁵祈禱之梯愈昇愈高。⁶天堂幾乎一蹴可幾了。⁷還差那麼一點點，你的學習旅程就告完成。⁸此刻，你不妨向每一位願與你在祈禱中結合的人說：

9沒有你，我無法前行，因為你是我的一部分。

10在真相中，他確實如此。11如今，你只會祈求能與他真正共享之物。12因你已了解，他從未離開過你，看來好似落單的你，其實與他共享同一生命。

4.　　這就是祈禱之梯的盡頭，它已超越了有修有學的層次。2如今，你立於天堂門前，而你的弟兄正站在你身邊。3碧草如茵，既深且靜，這兒是你註定如期抵達的終點，它已等候你多時了。4時間到此結束。5永恆會在門口與你相會。6祈禱恢復了它原有的功能，只因你已認出了自己心內的基督。

# 貳．寬恕

## 前　言

1.　　寬恕有如祈禱的雙翼，使它得以展翅高飛，進步神速。²若非這強而有力的助手，想要由祈禱的底層攀昇，必然枉費功夫，猶如癡人說夢。³寬恕是祈禱的最佳盟友，是你救恩計畫中的好姊妹。⁴它們必會齊力將你撐起，穩住你的腳步，你才可能矢志不移。⁵舉首仰望這偉大的盟友吧！它懷著上主的祝聖，陪你返回上主那兒。⁶它會為你結束一切幻相。⁷然而，寬恕並沒有「祈禱」姊妹的超時空性；寬恕是有終點的。⁸當你攀昇到階梯的盡頭，它就功成身退了。⁹然而，它是你在世上所能達到的最高成就；超乎此境，則非你能力所及。¹⁰只要完成這一步，你便已得救了。¹¹完成了這一步，你便已脫胎換骨了。¹²完成這一步，你便能拯救整個世界了。

# 一. 寬恕自己

1.　　在上天所賜的禮物中，沒有一樣比寬恕受到更大的誤解了。
²它幾乎淪爲一種懲罰，原以祝福爲初衷的寬恕竟轉爲一種詛咒，
它冒充上主的神聖平安，無情地嘲弄了天恩。³凡是尚未準備好
踏上祈禱之階的人，無一不犯此錯誤。⁴起步之初，寬恕的慈悲
本質必然曖昧不明，因他還不了解救恩的眞諦，發心不誠，用心
不堅。⁵一旦偏離了寬恕的目標，療癒的初衷就會轉爲傷人的武
器。⁶於是，罪咎開始冒充救恩，眞正的解救方案反而顯得像是
一種可怕又「另類」的人生選擇。

2.　　因此，「毀滅性的寬恕」遠比「眞寬恕」更符合世人的需
求，它成了人們「爲達目的而不擇手段」的正當途徑。²「毀滅
性的寬恕」絕不會放過任何罪惡、罪行、罪咎，它會尋尋覓覓，
直到揪出它們爲止，還會「愛」如己出。³別人的過錯成了它的
至愛，而且會在它眼裡不斷擴大、增長及膨脹。⁴它會小心翼翼
地挑出所有邪惡部分，卻把對方可愛之處視爲瘟疫、威脅或是死
亡，避之猶恐不及。⁵「毀滅性的寬恕」其實就是死亡，它會在萬
物中處處看到死亡的蹤影，而且深惡痛絕。⁶於是，上主的慈悲
變得有如一把利刃，存心置祂的愛子於死地。

3.　　你是否願意寬恕自己這類作爲？²那麼，好好學習上主教你
的方法，你才可能平安地回歸於祂。³別再著眼於他人的過錯了。
⁴更不可把它當眞。⁵只去看他可愛的一面吧！唯有在罪惡所在之
處看到基督的聖容，你才算寬恕了罪惡。⁶還有什麼比這更好的
途徑能把祈禱帶向上主？⁷祂深愛自己的聖子。⁸你若對上主的造
化懷有敵意，怎麼可能「憶起上主」？⁹你若痛恨祂的愛子，不
可能不同樣地恨他的天父的。¹⁰因爲你怎樣看聖子，就會怎樣看
自己；你怎樣看自己，就會怎樣看上主。

4.　　祈禱一向是爲了你自己的好處，寬恕也是上天賜你的禮物。
²根本沒有「寬恕別人」這一回事，你在他人身上所看到的全是
自己的罪過。³因爲你只想在別人身上而不想在自己身上看到罪
的蹤影。⁴爲此，「寬恕別人」其實是一種幻相。⁵然而，它卻是
世上唯一的幸福美夢，也只有這種幻夢不會將人導入絕路。⁶你只
能在他人身上寬恕自己，因你已將自己的罪過嫁禍於他，因此你
也只能從他身上找回自己的純潔無罪。⁷除了有罪之人，還有誰

需要寬恕？⁸切莫在他人身上尋找罪了，你只可能在自己身上看到它的蹤跡。

5. 　　世上最大的謊言莫過於此，而你也成了最大的自欺之人。²在你心目中，邪惡的都是別人，你是他的罪惡之受害者。³果眞如此，你豈有重獲自由的可能？⁴你成了所有人的奴隸，因爲不論他做什麼，都左右著你的命運、你的感覺、你的憂喜、你的絕望或希望。⁵除非他放你自由，否則你不可能自由。⁶他在你眼中既是邪惡之輩，你還能期待他給你什麼好處？⁷你不可能只看見他的罪而看不見自己的罪的。⁸然而，你也可能與他從罪中一起脫身出來。

6. 　　給人「眞寬恕」，是你重獲自由的唯一希望與途徑。²只要你還把這虛幻世界當成自己的家，別人就會和你一樣繼續陷於錯誤中。³然而，上主親自賜給了所有聖子具體的出路，足以應付他們眼前的任何幻相。⁴基督的慧見無需藉助你的肉眼，你能透過祂的慧眼去看，學習祂看的方式。⁵他人的錯誤不過是一些微不足道、轉眼即逝的陰影罷了，最多只是狀似遮蔽了基督面容片刻，然而，藏身於一切錯誤之後的基督面容始終不變。⁶祂的永恆不渝，依舊存於圓滿的平安及寂靜之中。⁷祂看不到任何的陰影。⁸祂的慧眼會越過一切錯誤，直指你內在的基督。

7. 　　因此，向祂求助吧！向祂請教如何才能學會祂慧眼下的寬恕。²祂所賜的禮物正是你必修的課程，你必須向祂學習這一寬恕才有得救的可能。³你內心若仍懷有一絲「毀滅性的寬恕」，祈禱便無法上達天聽。⁴然而，上主的慈悲會爲你神聖的心靈滌除這類令你窒息的有毒念頭。⁵基督既已寬恕了你，世界在祂眼中必也顯得如祂自身一般神聖。⁶唯有不再著眼於邪惡之人，才算具備了祂的眼光。⁷因凡是受祂寬恕的人，表示他根本沒有犯罪，罪咎便失去了立足之地。⁸救恩的計畫就這樣完成了，人心終於恢復了它原有的正常與清明。

8. 　　寬恕之舉不過代表了我們內心願意活得正常與清明的願望罷了，只有神智失常的人才會在基督聖容看到罪的痕跡。²這是你該作的選擇，簡單至極，卻是你所能作的唯一抉擇。³上主請求你把基督的愛帶給祂的聖子，將他由死亡中救出。⁴這是你眞正的需求，也是上主交託給你的禮物。⁵祂怎麼送給你的，你就怎麼

給出去。⁶如此，祈禱才能恢復自己的「無相」本質，超越所有的限制，跨入超時空之境，不再受過去的牽絆，融入了整個造化向上主吟唱不絕的頌歌。

9.　　若要達此終點，你必須好好學習才能抵達那無修無學之境。²寬恕乃是學習的金鑰，但你若連門都找不到，就算鑰匙在手又有何用？³為此，我們才會為你區分祈禱的層次，擺脫黑暗的束縛，將它帶入光明之境。⁴你必須扭轉自己心目中的寬恕，清除它隱含的恨意與別有居心。⁵我們必須揭露「毀滅性寬恕」的陰謀詭計，讓它永無還魂的機會。⁶直到它的陰魂一逝不返，上主所制訂的回歸計畫才有完成之日；學習階段到此終於圓滿結束了。

10.　　這是個充滿對立的世界。²只要它對你還具有某種真實性，你每一刻都得在相對之物中分別取捨。³你必須學會另一種選擇的能力，否則你是不可能真正自由的。⁴願你徹底明白此刻寬恕對你的具體意義，並且學到那真正讓你自由的寬恕方式。⁵祈禱境界的高低全憑這一修持，才能自由地越過無明世界而抵達平安之境。

## 二．毀滅性的寬恕

1.　　「毀滅性的寬恕」成了有相世界的一道武器，它有千百種化身。²它們的毀滅性未必全都一目了然，有些還會鬼鬼祟祟地藏身於某種愛心之下。³不論它化身為何種形式，居心只有一個，就是製造分裂，使上主的平等造化開始有了分別。⁴它設計出種種差別性，讓你無法視而不見，這正是它的用意所在。

2.　　在這類寬恕中，首先，它會設計出「比較優秀」的人屈尊就卑地把「比較差勁」的人由困境中拯救出來。²這種寬恕具有高高在上的貴族架勢，舉手投足之間流露出來的傲慢心態，絕不可與愛同日而語。³誰能一邊寬恕又一邊藐視人？⁴誰能一邊告訴那人他罪孽深重，一邊還把他看成上主之子？⁵誰能一邊把人視為奴隸，一邊又教他自由的意義？⁶這種寬恕沒有合一，只有悲哀與怨恨。⁷這不是真正的慈悲。⁸它與死亡無異。

3.　　另一種寬恕，你若能看穿它背後的動機，和前一種並沒有什麼不同，只是傲慢的心態比較不明顯而已。²有意寬恕的一方並不

自恃高人一等。³反之,他會說,此人的罪過令他有同病相憐之感,兩人都覺得自己一文不值,該受上天的懲罰。⁴這種心態看起來十分謙遜,兩人好似在較勁誰的罪孽更加深重。⁵但這不是愛護上主造化的方式,他對上主賜給那人的永恆神聖本質缺乏一份敬意。⁶上主之子一旦定了自己的罪,還可能憶起上主來嗎?

4. 它其實是在離間上主與他所愛的聖子,讓聖子對自己的生命之源從此敬而遠之。²還有一種人,一心想要扮演為他人犧牲的角色,目的也不外乎此。³我們必須識破這種寬恕的動機,因為人們很可能視之為溫良慈悲的表現,絲毫看不出它那殘酷的用意。⁴試想,你默默地接受他人的鄙視,還能報之以微笑,這難道不夠寬宏大量嗎?⁵看啊!你這個大善人,如此聖善地忍受別人加諸於你的怨憤與傷害,竟能深藏不露你心如刀割之痛。

5. 「毀滅性的寬恕」常常隱藏在這類包裝之下。²它會露出一副受苦的嘴臉,默默地為殘暴之罪與無情之咎作證。³這一指控將那本來可能成為他救主的人轉為仇敵。⁴那人一旦淪為敵人之後,他便不能不承受罪咎所帶來的沉重譴責。⁵這豈稱得上是愛?⁶對那正等著你將他由罪咎之苦拯救出來的人而言,這毋寧是一種叛逆。⁷它的用意至為明顯,即是讓罪咎的見證人從此對「愛」退避三舍。

6. 「毀滅性的寬恕」也可能化身為一種討價還價的妥協形式。²「你若能答覆我的需求,我就寬恕你;你必須接受我的奴役,我才有解脫的可能。」³不論你向誰說出這句話,你自己已先淪為奴隸了。⁴然後,為了消除心裡的罪惡感,你只好繼續跟他討價還價下去;這種妥協伎倆不會帶來任何希望,只會給你更大的煩惱與痛苦。⁵寬恕到了這一地步變得非常恐怖!它的宗旨竟被人曲解到這種地步!⁶習慣這樣討價還價的人,對自己仁慈一點吧!⁷上主只知施予,從不要求回報。⁸只有祂的施予方式才稱得上是真正的給予。⁹其他形式都是掛羊頭賣狗肉。¹⁰總想與上主之子討價還價的人,怎麼可能為對方的神聖而感謝天父?

7. 你究竟想向弟兄證明什麼?²你難道還想加深他的罪咎,不惜讓他慘遭池魚之殃?³寬恕才是你的脫身之道。⁴你若把寬恕導向痛苦與奴役的深淵,沒有比這更可悲的事了。⁵然而,在充滿對立的世界裡,你也可能把寬恕用在上主的目標上而獲享平安之福

的。⁶不要三心兩意了，否則你等於自掘墳墓，且存心與基督自性分裂。⁷基督是為一切人而存在的，因為祂活在所有人心中。⁸寬恕會幫你認出祂的聖容。⁹如此，你才能在祂的聖容中看到自己的本來面目。

8.　　如果寬恕不能幫你擺脫憤怒、定罪或任何比較的心態，不論它化身為何種形式，都是死路一條。²這確實是在自掘墳墓。³不要再受它們蒙蔽了，拋棄它們悲哀且無用的祭品吧！⁴你再也無需活在奴役狀態下了。⁵你也不願繼續害怕上主。⁶你只想看到天堂燦爛的光輝照耀大地，將世界由罪中贖回，活在上主的愛中。⁷祈禱在此與你一起得到了解脫。⁸你終於得以自由地展開雙翼，在祈禱的扶持下，向上攀昇，直到回歸上主為你準備好的家園為止。

## 三．救恩性的寬恕

1.　　「救恩性的寬恕」只有一種，也唯此一種。²它不要求任何人證明自己的無辜，也從不索求任何代價。³它不與人爭辯，寧可視而不見也不去評判他人的錯誤。⁴它不會給出口是心非的禮物，不會心裡想置人於死地，口中卻許諾他自由。⁵上主豈會欺騙你？⁶祂要求的只是你的信任，以及學習釋放自己的願心。⁷凡是真心想要了解上主旨意的人，上主必會賜給他那位「聖師」的。⁸祂等著助你一臂的心情，遠非你所能領會。⁹你終有一天會找到回歸祂的道路，這是祂的心願，就是這一「願」，成了一切的保證。

2.　　上主的孩子，祂的禮物全都非你莫屬，這不是憑著你的計畫，而是出自祂神聖的旨意。²祂的天音自會教你寬恕的真諦，指點你如何以祂的方式寬恕。³那還不是你目前所能了解的，因此，別鑽牛角尖了，只需循著寬恕之徑向上攀登，你的眼光遲早會轉為基督慧眼的。⁴其他的事都不值一顧，因為此外一切盡是虛無。⁵只要有人向你求助，不論他以何種形式，上主都會代你答覆的。⁶你需要做的只有一件事，就是退到一旁，不再插手干預。⁷「救恩性的寬恕」乃是祂的任務，祂會代你答覆的。

3.　　切勿暗自規定基督的寬恕應該採取哪一種形式。²祂知道怎樣才能把每個求助之聲轉為你的增上緣，幫你加速起身返回天父的家園。³祂能使你的腳步堅定，你的言詞誠懇；我不是指你自己的

誠心，而是祂的「誠心」。⁴讓祂幫你決定該如何寬恕吧！那麼，你的每個經歷都會變成邁向天堂與平安的一大步。

4.　　你難道還沒厭倦被囚的滋味？²你這悲哀的人生可不是上主為你選的。³它既然出自你的選擇，你必有化解它的能力，因祈禱是仁慈的，上主是正義的。⁴祂的正義只有祂能了解，你尚無法體會。⁵但祂給你具體的步驟向祂學習，直到你明白了，祂不曾定過任何人的罪，那全是藉由邪惡之名所造出的幻相。⁶至於那些幻夢會以什麼形式呈現，無關緊要。⁷只要是幻相，一概虛假不實。⁸唯有上主的旨意真實不虛，在祂的旨意與目的下，你與祂原是一個生命。⁹一切夢境便到此結束了。

5.　　每當有人求助或需要你的寬恕時，你只需這樣問：「我該為這位聖子作些什麼？」²至於他們是以什麼方式求的，無需你來評鑑。³你應以哪一種寬恕向這位上主之子伸出援手，也由不得你來決定。⁴他自己內在的基督之光才是他的解脫力量，基督自會答覆他的呼求。⁵當基督決定你該寬恕時，你就寬恕他，透過基督的眼睛來看他，同時代基督發言。⁶祂知道人心的需求，祂知道問題與答案之所在。⁷祂會以你所能了解及熟悉的語言指點你如何進行。⁸不要把祂的任務與你的任務混淆了。⁹祂本身即是終極的答覆。¹⁰而你只是聆聽之人。

6.　　基督究竟向你說了些什麼？²是有關救恩及平安的禮物。³有關罪、咎及死亡的結束。⁴有關寬恕在祂內所扮演的角色。⁵你只需聆聽。⁶任何呼求基督聖名的人，都會聽到祂的答覆，且將他的寬恕置於基督之手。⁷寬恕是上主託付給祂的教誨任務，不容他人破壞或扭曲為分裂的工具，或用罪與死亡來冒充上主的神聖禮物。⁸祈禱有如基督的右手，它等著「真寬恕」由上主永恆的醒悟與聖愛中流出，才能發揮它的拯救之力。⁹好好地聆聽並學習吧，不要再妄自判斷了。¹⁰你應轉向上主，聽從祂的指示。¹¹祂的答覆有如清晨一般明澈，而祂的寬恕也絕非你心目中的寬恕所能比擬。

7.　　然而，祂知道真相，那就夠了。²寬恕自有它的「聖師」，祂絕不會辜負你的期待。³不妨體會一下這話的深意，別再企圖去評估寬恕了，更不要把它限制在世俗的框架下。⁴讓它昇向基督吧！基督會欣然悅納這一禮物的。⁵祂不會讓你孤苦無依地活在

人間，祂必會因自己之名而派遣天使答覆你的需求。[6] 祂就站在那扇只有寬恕才能開啓的門邊。[7] 把鑰匙交託給祂吧！不要越俎代庖，你就會在基督燦爛的面容看到那扇門輕輕地開啓了。[8] 看哪，你的弟兄就站在門後，他是上主之子，仍是上主當初創造的模樣。

# 參 . 療癒

## 前 言

1.　　祈禱不只有它的助手，還有一群見證，使得崎嶇陡峭的旅程
變得輕鬆而平穩，它們減輕了恐懼之苦，且帶來了慰藉及希望。
²療癒就是寬恕的見證及祈禱的助手，它是你必會抵達目標的成功
保證。³然而，我們不宜過度渲染療癒的重要性，因它最多只是
顯示寬恕之力的一個象徵或標誌，它不過是人心改變了祈禱目標
之後的必然結果或一個倒影罷了。

# 一 . 疾病的起因

1.　　不要把因果顛倒了，也勿把疾病與它的必然起因視為互不相干的兩回事。²疾病只是某種邪念的標誌與倒影；那個邪念在世界的運作體系下看起來相當真實，聽起來言之成理。³它是人心內在「罪惡」的一個外在證據，直指那使上主之子萬劫不復的「不寬恕」之念。⁴身體是不可能真正療癒的，「治癒」的短暫功效即是最好的證明。⁵身體最終不免一死，那種治療最多只能幫它苟延殘喘，不致即刻落回它所來自以及終將回歸的塵土而已。

2.　　身體的出現是源自上主之子的不寬恕心態。²它從未離開過這一源頭，身體的病痛、衰老及死亡的跡象即是最顯著的證明。³凡是認為生命受制於身體，得靠那微弱而不可靠的一口氣來維繫的人，勢必感到身體脆弱得可怕。⁴死亡隨時都在每個角落窺伺著，不論他們如何力挽狂瀾，都無法逃脫死亡的魔掌。⁵身體的無常及疾病為人帶來了極深的恐懼。⁶因他們已在心中嗅出了濃重的死亡氣息。

3.　　只有「真寬恕」能夠帶給身體療癒之效。²也唯有如此，它才可能憶起生命的永恆不朽，那是神聖與愛給它的禮物。³只有對基督聖容上任何陰影都能視而不見的心靈，才給得出這種寬恕的。⁴疾病純粹只是一種陰影，它是弟兄批判弟兄、上主之子批判自己的標誌。⁵他已把身體貶為囚禁自己的牢獄，然後忘記是他自己賦予身體這一任務的。

4.　　他所做的那一切，如今只有上主之子化解得了。²他不能僅憑一己之力。³因他已把牢房的鑰匙丟失了，也就是他神聖而無罪的生命本質以及他對天父之愛的記憶。⁴幸好，天父已把自己的天音留在他內，隨時都會伸出援手。⁵療癒的能力如今成了天父給他的禮物，因祂仍能透過天音與聖子互通聲息，不斷在他耳邊提醒：縱使選擇以身體為家，身體終究還是無法成為他真正家園的。

5.　　因此，我們的首要任務即是清楚分辨真療癒與假療癒的不同。²而眼前充滿對立的世界可說是為療癒提供了最佳場所；進了天堂之後，還有什麼需要療癒的？³然而，正如世間的祈禱可能求錯了東西，看似慈悲的寬恕也可能暗含害人的動機；那麼，療癒難免也有真假之分，它可能為世俗的勢力作證，也可能成為上主永恆之愛的見證。

## 二. 真假療癒之別

1. 　　假療癒乃是一種毫無價值的交易，它只是把一個幻相換成另一個「較好」的幻相，將生病之夢轉爲健康之夢而已。²這種療癒常出現於較低的祈禱層次，夾雜著徒具好心卻不明就裡的寬恕。³假療癒仍會受制於恐懼，給予疾病隨時捲土重來的機會。⁴假療癒確能消除某種程度的痛苦與病症。⁵但是，病因猶在，因此苦果難逃。⁶疾病之因始終跳脫不出那個想要征服基督的死亡之願。⁷死亡必會隨著這一願望而來，因爲任何祈禱都會得到答覆的。⁸然而，還有另一種死亡的形式，它的源頭卻大相逕庭。⁹它不是源自某種有害的意念或是對宇宙的無明怒火。¹⁰它只不過表明身體的功用已盡，可以功成身退了。¹¹因此他拋棄了身體，是出於自願的，猶如拋棄一件破舊的外衣。

2. 　　死亡本應如此，它是出自平心靜氣的決定，在平安喜悅中作出的選擇，因爲這具身體一直體貼地扶持著上主之子走在上主的道上。²因此，我們十分感激身體所提供的一切服務。³但也由衷欣慰自己不必一直依賴它而存活於這充滿限制的世界，只能藕斷絲連地與基督相通，驚鴻一瞥祂美妙的行蹤。⁴如今，我們終於學會如何在光明中舉目，無所障蔽地仰望祂了。

3. 　　我們雖然稱之爲死亡，其實這是眞正的自由解脫。²這種死亡來臨時，不會假痛苦之力硬逼那不甘離去的肉體就範；身體會靜靜地歡迎解脫的來到。³唯有眞正獲得了療癒，這種死亡才會來臨，它表示該學的課程已經欣然完成且欣然結束，我們可以安息了。⁴我們終於能夠安心地呼吸更自由的空氣，享受更平和的環境了；我們會在那兒看到自己曾經給出的禮物都完好如初地靜候著我們。⁵如今，基督的聖容已然歷歷在目，祂的慧見在我們內日益穩固，祂的天音及上主的聖言也非我們莫屬。

4. 　　只有感恩的心才可能領受這條通往更高的祈禱境界的輕鬆途徑，一條人間溫柔的寬恕道路。²然而，療癒必須先來祝福這顆心靈，慈愛地原諒它在夢中嫁禍於世界的種種罪過。³如此，心靈方能在安息的寧靜中驅除所有的夢境。⁴如此，心靈方能透過寬恕來療癒世界，而且隨時準備好安心地離去；因爲旅程已經結束了，課程也修習完畢了。

5.　　按照世界的標準，這實在不能稱爲死亡，因死亡在世人驚恐的眼中是非常殘酷的，是對罪惡的一種懲罰。²它怎麼可能成爲一種祝福？³人們對它害怕得避之猶恐不及，怎麼可能歡迎它的來臨？⁴這種死亡觀念怎麼可能帶給世人任何療癒？然而，死亡確實爲人開啓了更高層次的祈禱之門，仁慈地爲人伸張了正義。⁵它是一種賞報，而非懲罰。⁶然而，唯有超乎世人理解的「眞療癒」才能培養出這種死亡觀。⁷沒有片面的療癒這一回事。⁸那不過是將這個幻相變成另一個幻相，忙到最後，終歸徒勞無功。⁹凡是虛妄的，不可能片面地變成眞實的。¹⁰你一旦獲癒，那療癒必是全面的。¹¹那時，寬恕也成了你能給出也願接受的唯一禮物。

6.　　假療癒只限於醫治身體，並未觸及疾病的眞正起因，因此疾病隨時都有復發的可能，最後會以冷酷的死亡來炫耀它的勝利。²它也許能夠暫緩病情的惡化，給人一點苟延殘喘的機會，其實它一直伺機向上主之子報復。³你克服不了任何疾病的，除非你能放下自己對疾病的所有信念，接受上主的世界（也就是那個不曾被罪惡打入冷宮的世界）來取代人間的噩夢。⁴終有一天，天堂之門開啓了，上主之子終於能夠自由回家了；那眞正的家園始終向他伸出歡迎之手，在太初之前即已爲他準備就緒，至今仍在殷殷盼望著遊子的歸來。

## 三. 分裂與合一之別

1.　　假療癒只是片面地醫治身體，而不是全面的治癒。²它的別有企圖在此一覽無遺，因它根本無意解除那藏身於疾病下的罪之詛咒。³它顯然存心魚目混珠。⁴假療癒的人不可能明白自己和別人無二無別。⁵唯有明白這一眞相的人，才會獲得眞正的療癒。⁶在假療癒中，只有一方獲得殊榮，並非雙方平等一體地同享此恩。⁷分裂心境在此表露無遺。⁸眞療癒因而失落了存在的意義；偶像便會乘虛而入，遮蔽了上主之子一體生命的眞相。

2.　　「分裂取向的療癒」，這一觀念聽起來相當古怪。²然而，任何的治療若含有一點「你我不同」的不平等心態，必然不出此列。³這類治療也許治得好身體，一般說來，它的功能也僅限於此。⁴例如某人見多識廣，受過較好的訓練，或者比較聰明，天分較高。⁵因此，他能治療另一個低他一等且有待保護的人。⁶即使

是這種心態，仍有治癒身體的可能；因為我們的平等性在夢境中最多只是曇花一現。⁷夢境就是藉著靠變化與無常而打造出來的。⁸他們指望的療癒，不外乎找到一位聰明能幹的人，靠他的專業技術而讓自己如願以償罷了。

3. 　　「某人比我聰明能幹」，這句神奇的咒語便足以把世界的療癒觀念與治療對象轉向身體了。²另一人會由此人的知識與技術而受惠，由他那兒獲得解除痛苦的藥方。³這怎麼可能！⁴它等於先假定兩人之間的不平等，還得當作真理般地接受，再藉這不平等關係去幫助受害者恢復健康，安撫那飽受自我懷疑之苦的心靈；這怎麼可能帶給任何人真實的療癒？

4. 　　那麼，人們是否仍然可能透過療癒工作來幫助其他人呢？²對傲慢的心靈，答案是：不能！³但對謙遜的心靈，則有此必要。⁴這就像我們先前提及的祈禱需要助手的道理一樣，療癒也能幫助寬恕發揮它本有的功能。⁵但你不可自封為傳送療癒這神聖禮物的使者。⁶你只不過認出了自己與求助者原是同一個生命而已。⁷他就是靠你這一體意識才能驅除自己心裡的分裂意識，這才算是痛下針砭。⁸給人一帖與病因無關的藥方，實在沒有道理，因那不可能真正療癒任何疾病的。

5. 　　療癒工作者確實存在，他們就是已認清自己生命之源的上主之子，並且了解那「根源」所創造的萬物與自己原是一個生命。²這才是幫人解脫的萬靈丹。³它會帶來永世長存的祝福。⁴這種療癒不是片面的，而是全面且永恆的。⁵它揭露了所有疾病的真相。⁶就在這兒，上主寫下了祂的聖言。⁷唯有愛與合一療癒得了疾病與分裂。⁸也只有這種方式才符合上主的療癒初衷。⁹若非上主，便無療癒可言，因為那兒沒有愛。

6. 　　唯有上主的天音能教你療癒之道。²仔細聆聽吧！你才能不負眾望，將祂慈悲的藥方帶給所有送到你面前的人，使上主得以親自療癒他們，並祝福所有與祂一起獻身於療癒的人。³身體必會隨之康復，因為病因已經解除了。⁴只要病因一除，它再也無法改頭換面捲土重來了。⁵死亡在此慧見下也不再顯得那麼可怕。⁶真正已獲療癒的人是一無所懼的，因為愛已進入他的心中，取代了偶像的地位，恐懼終於向上主俯首稱臣了。

# 四．療癒的神聖性

1. 　　已獲療癒的人是如此的神聖！²因爲在他們心目中，每個弟兄都分享了他們的療癒與他們的愛。³獻身於上主的療癒工作之人即是平安的使者，聖靈必須透過他們才能代上主發言。⁴而他們也從不爲自己說話，只會代聖靈發言。⁵他們給出的禮物無一不是來自上主。⁶這是他們願意與人分享的唯一禮物，因爲他們知道這是上主之願。⁷他們沒有什麼特殊之處。⁸然而，他們卻神聖無比。⁹因爲他們接受了自己的神聖性，決心放棄分裂夢境裡所有的特殊能力或特殊價值；因爲只有仍在作夢的人才可能施捨給比自己不幸的人那象徵著不平等的禮物。¹⁰療癒恢復了他們生命的完整，他們才可能寬恕，且融入所有療癒之人向上主吟唱的合一與感恩之頌。

2. 　　作爲寬恕的見證、祈禱的助手以及眞正的慈悲之果，療癒本身即是上主的祝福。²全世界都會透過祈禱之音歡欣地齊聲響應。³寬恕散發出仁慈的赦罪之光，照耀世上一切有情生命，甚至草木飛禽。⁴恐懼在此已無立足之地，因愛已藉由這神聖的一體性而降臨於所有的人。⁵時間在世上只剩下一瞬的光景，供祈禱最後再擁抱人間一次，世界就會在光明中逐漸消逝。⁶每一位道地的療癒工作者都在期待這一刻的來臨，因基督已經教他們如何在別人身上認出祂的肖像，並以同樣方式去教別人。

3. 　　不妨深思一下「協助基督療癒」這份工作的意義。²還有什麼比這更神聖的事？³上主對祂的療癒工作者滿懷感激之情，因祂知道療癒的終極之因就是祂自己，祂的聖愛與祂的聖子會再度圓滿祂的生命，還會回頭與祂分享創造的神聖喜樂。⁴別再追求片面的療癒了，切莫藉助任何偶像來喚起你對上主的記憶，上主的聖愛不曾改變，也永恆不渝。⁵祂珍惜你一如珍惜祂的整個造化，因整個造化就在你內，這是祂給你的永恆禮物。⁶此刻，這個哀傷世界的無常夢境對你還有何用？⁷不要忘了上主對你的感恩。⁸不要忘了祈禱的神聖恩典。⁹更不要忘了上主之子的寬恕。

4. 　　先寬恕，再祈禱，然後你才會獲得療癒。²你的祈禱已經上達天聽，祂不只聽到，也答覆了。³你終會明白，你的寬恕與祈禱其實都是爲你自己的益處。⁴了解這一點，你就會不藥而癒了。⁵在這祈禱中，你不只與自己的生命之源結合，還會恍然大悟自己原

來從未離開過這源頭一步。⁶然而，你心中若還隱藏一絲恨意或攻擊上主之子的企圖，是不可能有此覺悟的。

5.　　切莫忘記：那位上主之子其實是你自己，你選擇在他面前活成什麼樣的人，你對自己以及上主對你就成了那樣的人。²不論你作何判斷，必會直接影響到你與上主之間的關係，因你認爲祂在造化中扮演什麼角色，你就已賦予了祂那一身分。³不要作錯了選擇，否則你很可能篡奪了造物主的地位而自立爲神；那麼，祂就不再是終極之「因」，而成了相對之果。⁴一旦如此，你便永無療癒的可能，因爲你會將自己的謊言與罪咎歸咎於祂。⁵原是聖愛的祂，結果成了你的恐懼之源，而且恐懼在此會顯得天經地義。⁶於是，因果報應成了祂的天職。⁷死亡則是祂手下的頭號劊子手。⁸疾病、痛苦及失落的悲痛都成了人類的宿命，因爲上主已經遺棄了人類，聽任魔鬼蹂躪也誓不拯救。

6.　　再度回到「我」這兒來吧，孩子，勿讓那些妄念扭曲了你的心靈。²你依舊神聖無比，因天父的神聖本質不只保全了你完美無罪的本性，祂平安的臂膀始終環抱著你。³如今，你可以作療癒之夢了。⁴然後你才能永遠捨下一切夢境，義無反顧。⁵你仍是天父的至愛，從未離家一步，你並沒有落難於這個蠻荒世界，也不曾沉重地踏著血跡斑斑的腳步，抵制上主的聖愛，也就是你的真相。⁶把所有的夢都交託給基督吧，讓祂領你走上療癒之路，引導你的祈禱越過苦難的世界而上達天聽。

7.　　基督是爲「我」而來的，向你說出「我」的聖言。²「我」要從那充滿敵意的夢中喚回「我」筋疲力盡的聖子，返回永恆聖愛及完美平安的甜蜜懷抱。³「我」向「我」的愛子張開了雙臂，縱然他毫不知情自己早已痊癒了，其實，他的禱音一直都在神聖的愛中與整個造化齊聲歡唱感恩之歌。⁴給自己一瞬的寂靜吧！⁵在你生死存亡的殺伐聲下，上主的天音向你傾訴著「我」的真相。⁶你只要在一瞬之間聞得天音，你就療癒了。⁷只要在一瞬之間聞得天音，你就得救了。

8.　　與「我」一起由充滿報應與懲罰的夢中喚醒「我」的孩子吧！他那生於恐懼且命在旦夕的卑微生命真的生不如死。²讓「我」恢復你對永生的記憶吧！在那兒，你的愛會與「我」的愛一同延伸至永恆，你的喜樂也會增長至無窮；時間與距離從此失去

了存在的意義。³只要你還踟躕於人間這塊傷心地，天堂之歌便無法圓滿，因爲你的生命之歌原是愛的永恆大合唱的一段旋律。⁴缺了你，整個造化不得圓滿。⁵回到「我」這兒來吧！「我」從未離開過聖子一步。⁶「我」的孩子，聽吧！你的天父正在呼喚你。⁷不要再掩耳不聞愛的呼聲了。⁸不要再抵制基督了，祂是天父的一部分。⁹天堂就在當下，天堂才是你的家。

9.　　上主的創造正倚在時間的欄干上，爲世界卸下它沉重的負擔。²高舉你的心迎接這個新天新地吧。³你會看到陰影正由上主聖子的身上靜靜地褪去，帶血的荊棘也從他的額頭上輕輕地鬆脫。⁴神聖的孩子，你是何等可愛！⁵與「我」何其肖似！⁶「我」無比慈愛地將你擁在「我」的心房及臂膀裡。⁷你療癒了「我」的聖子，且將他由十字架上卸下，你獻給「我」的每一個禮物，我都珍惜無比！⁸來吧！收下「我」獻給你的感謝。⁹「我」的謝禮最先給你的是寬恕，然後才是永恆的平安。

10.　　現在，將你神聖的聲音轉向「我」吧。²缺了你，祈禱的頌歌會暗啞失聲。³整個宇宙都在等候你的解脫，因爲那也是它的解脫之日。⁴仁慈地對待它以及你自己吧，如此，你才可能仁慈地待「我」。⁵願你感受得到上天的眷顧，不再活在恐怖與痛苦中，這是「我」對你的唯一祈求。⁶不要背棄了「我」的聖愛。⁷只需記住，不論你認爲自己是誰，不論世界在你心目中算什麼，你的天父需要你，祂始終都在呼喚你，直到你平安回歸於祂爲止。

# 奇蹟課程

教師指南 詞彙解析 心理治療 頌禱

譯　　者　若 水
責任編輯　李安生
校　　閱　李安生 黃真真 張紅雲 桑田德
校　　對　李安生 黃真真 郭松達 李秀治
美術編輯　番茄視覺設計
出　　版　奇蹟課程有限公司・奇蹟資訊中心
　　　　　桃園市光興里縣府路76-1號
聯絡電話　(04) 2536-4991
劃撥訂購帳號 19362531　戶名 劉巧玲
網　　址　www.accim.org
電子信箱　accimadmin@accim.org
　　　　　mictaiwan@yahoo.com.tw

印　　刷　世和印製企業（02）2223-3866
出版日期　2011 年 1 月初版
再版日期　2023 年 6 月十三版

經銷代理　聯合發行公司
　　　　　電話 (02) 2917-8022 # 162
　　　　　　　 (03) 2128-000 # 335

定　　價　全三冊 新台幣1500元

ISBN 978-1883360429